중증 장애 아동 치료 사례집

# 동영상으로 보는 응용행동분석 치료

정보인 지음

도서출판 함께

책을 펴내며
# 장애 아동의 치료와 교육에 작은 빛이 되기를

이 책은 응용행동분석 applied behavior analysis 치료법을 통해 중증 장애 아동들의 기능 수준을 향상시키고 문제행동을 치료하는 과정을 담은 사례집이다.
지난 20년간 연세대학교 작업치료학과 학생들이 '천사들의 집' 장애 아동을 대상으로 지도교수의 가르침에 따라 응용행동분석을 실습하고 치료한 과정을 책과 동영상으로 정리해서 엮은 것이다. '천사들의 집'은 강원도 원주에 있는 중증 장애 아동을 위한 상당한 규모의 복지시설이다.
응용행동분석 치료법은 19세기 말에서 20세기 초에 '학습이론'으로 등장하면서 '행동수정' behavior modification 또는 '행동치료' behavior therapy로 불리었고, 1990년대 이후에는 '응용행동분석'이라는 명칭으로 일반화되었다. 이 치료 방법은 기본적으로 '인간의 행동은 주위 환경의 자극에 의해 크게 영향받기 때문에 외부 상황을 조정해주면 원하는 행동의 변화를 이끌어낼 수 있다'는 전제에서 출발한다. 미국에서는 1950년대 들어 중증 지적장애와 자폐 아동들의 신변처리 기술을 학습시키는 데 널리 활용되기 시작했고, 이후 이들의 삶의 질을 향상시키는 데 크게 기여했다. 특히 중증의 장애 아동도 응용행동분석을 통한 교육과 치료에 의해 크게 나아질 수 있다는 사실이 확인됨으로써, 저 유명한 미국의 특수교육법(1975년)을 탄생시키는 원동력이 되었다. 이제 응용행동분석 치료법은 장애 아동뿐만 아니라 일반 아동의 문제행동, 그리고 일반 성인의 불안 행동, 스트레스, 만성질환, 대인관계, 부부관계, 다양한 중독 질환, 체중 조절, 그리고 뇌 손상자의 재활이나 통증 치료에 이르기까지 그 영역이 확대되었다. 최근에는 응용행동분석이 자폐 아동의 치료에 효과적인 접근법이라는 것이 과학적으로 검증되어 자폐 아동 교육 방법으로 적극 권장되고 있다.

말할 필요도 없이 응용행동분석 치료법은 임상 경험이 뒷받침되어야 한다. 이론 지식만으로는 그 효용을 뒷받침할 수 없음은 당연하다. 이 책의 강점은 응용행동분석 치료에 대한 이론적 설명과 함께 임상치료 장면이 동영상으로 바로 제시됨으로써 독자들이 치료 과정을 익히는 데 큰 도움을 줄 것이라는 점이다. 다만 한 학기로 끝나는 실습 시간의 제약 때문에 치료 아동의 크게 호전된 모습을 눈앞에서 보면서도 학기말에는 서둘러 치료를 끝내야 하는 아쉬움이 늘 뒤따랐다. 자연히 치료가 끝난 후 장애 아동들의 안정된 모습을 보여주지 못하는 것이 이 사례집의 한계라 하겠다.

이 책의 내용은 크게 세 대목으로 구성된다. 하나는 응용행동분석 치료 방법을 서술한 부분이고, 다음은 치료 방법을 소개하면서 치료 장면을 동영상으로 보여주는 것이다. 셋째는 문제행동을 다룬 다섯 사례의 전체 치료 과정을 동영상으로 보여주는 부분이다. 이 작은 책과 동영상이 오늘날 속수무책으로 방치되고 있는 우리나라 중증 장애 아동들의 삶의 질을 개선하는 길잡이가 된다면 더 바랄 것이 없겠다.

이 책의 발간에는 많은 분들의 도움이 있었다. 먼저 원주 '천사들의 집' 원장으로 장애아 문제에 깊은 관심을 기울여온 최기식 신부님께 감사드린다. 오랜 세월 우리 학생들이 '천사들의 집'에서 실습할 수 있도록 세심한 배려를 아끼지 않았고, 장애인들의 어버이로서 이 동영상의 제작에 흔연히 동의해준 신부님에게 어떻게 감사해야 할지 모르겠다.

다음으로는 우리 졸업생들에 대한 고마움이다. 3학년 1, 2학기의 '재활심리학'

과 '정신사회작업치료(1)' 과목을 수강하는 학생들은 응용행동분석 실습(그 당시에는 '행동수정'으로 불리었다.)을 위해 매주 두 차례 '천사들의 집'을 방문했다. 그것도 6~12주 동안 한 주일도 거르지 않고 교통마저 불편한 그 먼 길을 버스와 택시에 번갈아 시달려야 했다. 뿐만 아니라 학생들은 지도교수인 나의 끝없는 질책을 들어야 했고, 때로는 중증 아동의 폭력적인 행동에 노출되는 위험까지 감수해야 했다. 그런 어려움을 마다하지 않은 생각 깊은 제자들이 있었기에 우리나라에서는 처음 시도되는, 장애아동의 치료 과정을 생생하게 수록한 이 귀중한 동영상이 빛을 보게 된 것이다. 응용행동분석 강좌 한 과목을 수강한 것이 전부인 학부 3학년 학생들이 석 달여 만에 중증 장애 아동들의 기능 수준을 가시적으로 향상시키고, 문제행동을 교정함으로써 이들의 생활에 큰 변화를 주었음을 이 사례집과 동영상은 여실히 보여주고 있다. 이제 장애 아동과 같이 생활하는 부모나 교사들이 이 책과 동영상을 통해 응용행동분석에 대한 지식과 경험을 익힌다면, 우리 학생들이 이루어낸 것보다 더 큰 치료 효과를 거둘 수 있을 것이라고 나는 확신한다.

끝으로, 이 책과 동영상의 제작을 맡아 동분서주한 (주)유윙플러스의 대표이자 작업치료학과 석사 과정의 조덕연 군과, 오랫동안 동영상 편집에 매달린 작업치료학과 4학년 이경준 군에게도 감사의 말을 전한다. 특히 작업치료학과 박사 과정에 있는 박혜연 양이 밤새워 마무리 작업을 서두르지 않았다면 이 책은 작업을 끝내지 못했을 것이다. 박 양의 야무진 일 처리에 그저 감사할 따름이다. 누구보다도 이 책의 출간 취지에 공감하고 자원봉사자로 흔연히 도움의 손길을 내민 맹경순 선생과 류재수* 화백에게 특별한 감사를 드린다. 맹 선생은 원주까지 내려와 적지 않은 분량의 녹음 해설을 맡아주었고 류화백은 이 책의 삽화를 직접 그리고 표지를 장식해주었다. 그리고 내 무딘 글솜씨를 타박하지 않고 꽤 많은 원고를 말없이 다듬어 준 은퇴한 저널리스트인 내 남편 권근술에게도 고마움을 전한다.

《동영상으로 보는 응용행동분석 치료》가 주변 분들의 많은 요청으로 2019년 2월 도서출판 함께에서 새로운 모습으로 다시 출간하게 되었다. 초판 원본파일이 손상되어 입력부터 교정까지는 6년 전 ABA 부모대학 수강 시부터 지금까지 따라와 준 도윤이 엄마 김수정씨가 수고해 주었다. 이번《동영상으로 보는 응용행동분석 치료》재출간이 발달장애 분야를 공부하는 학생 및 장애 아이 부모님들에게 새로운 희망을 주는 계기가 되기를 소망한다. 많은 어려움에도 불구하고 출간을 결심해준 출판사 관계자 여러분께 진심으로 감사드린다.

이 책과 동영상의 판매 수익금 전액은 원주 '천사들의 집' 후원기금으로 기증될 것이다.

2019년 1월
정보인

* *초판본에서는 류재수 화백의 삽화가 수록되었으나, 오래된 원고인 관계로 원본을 확보할 수 없었다. 다만 본 도서에서는 류재수 화백이 작품에 담은 뜻을 존중하고 보존하기 위해 이윤정 작가가 원화를 토대로 새롭게 그린 삽화를 수록하였다.

# 차례

## 제1부 응용행동분석 기법

Ⅰ. 응용행동분석 원리     18
    1. 개별 아동 맞춤형 치료환경 조성     18
    2. 맞춤형 치료환경 사례     20

Ⅱ. 바람직한 행동을 가르칠 때 사용하는 기법     25
    1. 행동 형성     25
    2. 과제 분석     27
    3. 보조법과 용암법     29
    1) 보조법 종류
    2) 일반화 과정

Ⅲ. 바람직하지 않은 행동 교정을 위한 기법     35
    1. 문제행동 교정에 사용되는 응용행동분석 기법     36
    1) 고립
    2) 과잉 정정
    (1) 원상 복원
    (2) 과잉 연습
    3) 소거
    4) 포만
    5) 권리 박탈
    6) 조건부 운동
    7) 체계적 감각둔화법
    2. 문제행동 치료 과정     43
    1) 문제행동의 원인 찾기

2) 보상받을 수 있는 바람직한 행동 학습시키기
(1) 강화의 조건(if—then) 학습
(2) 3단계 지시 따르기 학습
(3) 지시 내리기 전에 충동적으로 행동하는 아동의 경우

## Ⅳ. 주의 집중과 지시 따르기 지도   48
### 1. ⟨if - then⟩ 관계 학습   49
### 2. 주의 집중 지도   50
1) 충동적인 아동의 경우
(1) 사다리 활용: 바닥에 놓인 사다리 건너기
2) 주의 집중 지도 과정
3) 눈맞춤 지도
(1) 물건 쳐다보기
(2) 눈맞춤

### 3. 지시 따르기 지도   53
1) 1단계 지시 따르기
2) 2단계 지시 따르기
3) 3단계 지시 따르기

## Ⅴ. 상벌 적용 방법   55
### 1. 보상   55
1) 보상의 종류
2) 보상 사용 시 주의점
(1) 보상물의 다양화
(2) 보상물의 희소성
(3) 보상 계획
3) 토큰 훈련

| | |
|---|---|
| **2. 벌의 긍정적 활용법** | 59 |
| 1) 벌 사용의 원칙 | |
| 2) 문제행동 치료의 장소와 시기 | |
| 3) 문제행동 치료의 일반화 과정 | |
| (1) 치료실에서 일상생활 환경으로 옮기기 | |
| (2) 일상생활 환경에서 문제행동 지도하기 | |
| 4) 문제행동 치료시 병행해야 하는 보상 방법 | |
| (1) 차등 보상 | |
| (2) 상반행동 보상 | |
| 5) 과제 수행능력 학습을 통한 문제행동 지도 | |
| | |
| **Ⅵ. 응용행동분석 실시 과정** | 63 |
| **1. 목표행동 설정할 때 준비 과정** | 64 |
| **2. 목표행동 설정 요건** | 64 |
| 1) 긍정적인 용어 | |
| 2) 관찰 가능한 구체적 용어 | |
| 3) 보상 기준의 구체적 명시 | |
| 4) 과제 수행 조건의 명시 | |
| **3. 목표행동의 구성** | 68 |
| 1) 장기 목표 | |
| 2) 단기 목표 | |
| | |
| **Ⅶ. 장애 아동 문제행동 지도** | 69 |
| **1. 중증장애 아동에 대한 이해** | 70 |
| **2. 문제행동 지도** | 72 |
| 1) 대소변 훈련 | |
| (1) 소변 훈련 과정 | |
| (2) 대변 훈련 과정 | |

2) 수저로 밥 먹기

3) 주의 집중과 눈 맞추기 훈련

4) 물건 집어던지는 행위

5) 옷이나 종이를 찢는 행위

6) 무는 행위

7) 손가락 빨기, 머리카락 뜯기와 나쁜 버릇 고치기

8) 이물질을 먹거나 빠는 행위

9) 수면 장애

10) 식사 거부 행위

11) 만성 구토 행위

12) 자위 행위

13) 자기자극 행위

(1) 주위 환경의 자극이 결핍된 경우

(2) 주위 환경과 교류할 수 있는 능력이 결핍된 경우

14) 자해 행동

## 제2부　응용행동분석을 통한 문제행동 치료 사례

| | |
|---|---|
| 사례 1: 지적장애 소녀의 반향어 치료 | 96 |
| 사례 2: 지적장애 청년의 충동적 물 마시기 행동 지도 | 100 |
| 사례 3: 정서장애를 동반한 지적장애 청년의 생활기능 향상 지도 | 107 |
| 사례 4: 지적장애 소년의 편식 지도 | 113 |
| 사례 5: 지적장애 아동의 자해행동 치료 | 118 |
| 부록 Ⅰ 지시 따르기와 인지 학습 지도에 적합한 과제 | 127 |
| 부록 Ⅱ 발달 이정표 | 199 |

# 책과 동영상을 함께 보세요!

중증 장애 아동의 치료 방법과 과정을 담은 이 사례집은 책과 동영상으로 구성되어 있다. 여러 가지 이유로 우리나라에는 장애 아동의 치료 과정을 보여주는 동영상이 없어 이 분야에서 일하는 이들이나 전공 학생들이 늘 아쉬움을 느껴왔다. 저자 자신도 많은 이들로부터 장애 아동을 돌보는 데 구체적으로 도움이 되는 실용적인 책이나 동영상을 만들어줄 수 없느냐는 요청을 오랫동안 받아왔다. 아마 특히 중증 장애 아동의 치료를 위한 동영상으로는 이 사례집이 처음 나온 것이 아닌가 생각한다.

이 사례집은 제1부와 제2부로 나뉘어있다. 1부는 응용행동분석 전반에 대한 이론, 장애 내용에 따른 적용 기법과 치료 과정을 비교적 짧은 동영상과 함께 소개하고 있다. 제2부에서는 다섯 케이스의 장애 아동 및 청소년에 대한 전체 치료 과정과 결과를 소상하게 다루고, 그 과정을 동영상으로 보여준다. 1부의 동영상은 〈동영상 목록〉이 보여주듯 모두 37개로 각각의 길이는 10초에서 7분 사이이며, 2부의 동영상은 다섯 사례의 치료 과정 전체를 담고 있어 각 사례의 러닝 타임이 10~35분 가량으로 짧지 않은 분량이다.

이 책과 동영상의 효과적 이용을 위해서는 약간의 안내가 필요할 것 같다. 우선 책을 읽기 전에 DDCHILD 사이트에 접속해서 파일 목록을 열어둔다. 책 1부의 중간중간에는 사진이 실려있고 그 옆에 동영상 1, 동영상 2…와 같이 번호가 매겨져 있다. 책을 읽으며 동영상 번호를 클릭하면 방금 읽은 책 내용에 해당하는 화면이 바로 뜬다. 따라서 책 내용을 따라가면서 동시에 동영상 화면을 눈으로 확인할 수 있다.

이 책의 2부에는 저자의 지도하에 제자들이 실제 치료한 다섯 명의 장애 아동과 청소년의 구체적인 사례가 실려있다. 어느 경우나 장애 아동의 일반적 정보, 치료 과정 및 결과가 차례로 실려있고 치료 장면을 담은 동영상의 번호가 함께 나와 있다. 1부에서와 마찬가지로 이 번호를 클릭하면 책 내용에 해당하는 치료의 전 과정과 아동의 변화를 동영상 화면으로 볼 수 있다.

이 책과 동영상이 특수교육학이나 작업치료학을 전공하는 대학생들과, 이 분야에 종사하거나 관심을 가진 많은 분들에게 조금이라도 도움이 되었으면 더 바랄 게 없겠다.

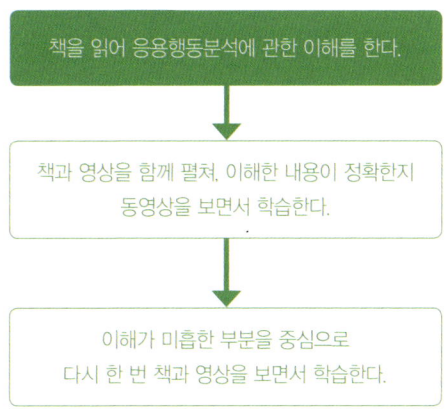

## ● 동영상 시청 안내

DDCHILD 사이트에서 인증코드를 등록하신 후 동영상을 시청하실 수 있습니다. 아래의 절차에 따라 인증코드를 등록하시기 바랍니다.
(인증코드는 책의 맨 뒤쪽 판권 페이지에서 확인할 수 있습니다. 인증코드의 사용기한은 등록일 기준으로 1년입니다.)

### 1. DDCHILD 회원가입
― DDCHILD 사이트(www.ddchild.co.kr)에 접속하여 우측 상단의 회원가입 메뉴를 클릭합니다.
― ID로 사용할 이메일 주소를 입력하고 이메일 인증버튼을 누르면 해당 이메일 주소로 인증번호가 발송됩니다.
― 해당 이메일에서 인증번호를 확인한 뒤, 입력란에 인증번호 4자리를 입력합니다.
― 나머지 회원정보를 입력하고 회원약관에 동의한 후 확인버튼을 누르면 회원가입이 완료됩니다.

### 2. 인증코드 등록
― 홈페이지 상단에 있는 '영상자료' 메뉴를 클릭한 뒤, 첫 번째 항목인 '인증코드등록' 메뉴를 클릭합니다.
― 인증코드 등록화면에서 12자리 인증코드를 입력하시고, 등록버튼을 누르면 인증코드 등록이 완료됩니다.

### 3. 동영상 시청
― 회원가입과 인증코드 등록을 마친 뒤, 홈페이지 상단에 있는 영상자료 메뉴를 클릭하면 시청 가능한 영상자료 목록화면이 나옵니다.
― 원하는 목록을 클릭하여 동영상을 시청하실 수 있습니다.

본 도서와 함께 제공되는 영상은 천사들의 집 다섯 장애 아동, 청소년의 실제 치료 과정이 담겨 있습니다. 개인 신상에 대한 정보가 노출되어 있는 자료인 만큼 치료 이외의 목적으로 이용되는 것을 방지하고자 인증 절차를 통해 시청할 수 있도록 하였습니다. 이 점 양해 부탁드립니다.

## 제1부 ◯ 동영상목록

01 주형 ❶ 지시 따르기 훈련을 위한 '골목' 만들기
02 사랑 ❶ 캐치볼 놀이 지도
03 동규 ❷ 적목 넣기 지도
04 채원 ❶ 볼펜 조립 지도
05 슬기 ❶ 바지 입기 지도
06 슬기 ❷ 바지 앞뒤 구분하기 지도
07 동규 ❶ 통 속에 적목 넣기 지도
08 오현 ❶ 손가락 빨기 방지 위해 팔걸이 끼우기
09 재훈 ❶ 머리 때리기 방지 위해 팔걸이 끼우기
10 태경 ❶ 단추 끼우기 지도
11 재훈 ❹ 고립 방법의 예
12 재훈 ❺ 문제행동 무시하기
13 기은 ❶ 권리 박탈의 예(토큰 빼앗기)
14 재훈 ❻ 조건부 운동(윗몸 일으키기)
15 재기 ❷ 조건부 운동(블록 30개 넣기)
16 주희 ❶ 불안장애 치료
17 주형 ❷ 구토 행위 치료
18 희주 ❶ 지시 따르기(의자에 앉기)
19 재훈 ❷ 3단계 지시 따르기 훈련
20 오현 ❷ 과제 수행 전에 팔 내려놓기 지도

| | | |
|---|---|---|
| 21 | | 보혁 ❷ 과제 수행 전에 무릎에 손 올려놓기 지도 |
| 22 | | 동규 ❹ 행동 형성의 예(블록 넣기) |
| 23 | | 예찬 ❶ '사다리 넘기'로 주의 집중 지도(1) |
| 24 | | 사랑 ❷ '사다리 넘기'로 주의 집중 지도(2) |
| 25 | | 예찬 ❹ 집중력 향상 지도 |
| 26 | | 동규 ❸ 눈맞춤 지도 |
| 27 | | 보혁 ❸ 1단계 지시 따르기 지도 |
| 28 | | 보혁 ❹ 2단계 지시 따르기 지도 |
| 29 | | 종복 ❶ 3단계 지시 따르기 지도 |
| 30 | | 예찬 ❷ 토큰 훈련(단계1) |
| 31 | | 예찬 ❸ 토큰 훈련(단계2) |
| 32 | | 채원 ❷ 토큰 훈련(단계3) |
| 33 | | 채원 ❸ 토큰 훈련(단계4) |
| 34 | | 도마 ❶ 문제행동 통제 없이 문제행동이 소멸된 예 |
| 35 | | 재훈 ❸ 자해 행동의 예 |
| 36 | | 재기 ❶ 식사 지도(입 벌리기) |
| 37 | | 보혁 ❶ 손장난 차단 |

## 제2부 ● 동영상목록

01   지적장애 소녀의 반향어 치료

02   지적장애 청년의 충동적 물 마시기 치료

03  정서장애 동반한 지적장애 청년의 생활기능 향상 지도

04  지적장애 아동의 쌀밥 거부 편식 치료

05  지적장애 아동의 자해 행동 치료

# 제1부
# 응용행동분석 기법

Ⅰ 응용행동분석 원리
Ⅱ 바람직한 행동을 가르칠 때 사용하는 기법
Ⅲ 바람직하지 않은 행동 교정에 사용하는 기법
Ⅳ 주의 집중과 지시 따르기 지도
Ⅴ 상벌 적용 방법
Ⅵ 응용행동분석 실시 과정
Ⅶ 장애 아동 문제행동 지도

# I. 응용행동분석 원리

## 1. 개별 아동 맞춤형 치료환경 조성

응용행동분석의 목표는 아동이 큰 노력을 하지 않고도 주어진 과제를 성공적으로 수행할 수 있도록 맞춤형 치료환경을 조성하는 데 있다. 즉, 응용행동분석 기법을 통해 아동의 기능 수준이 아무리 낮더라도 주어진 과제를 성공적으로 수행할 수 있도록 만드는 것이다.

만약 아동이 주어진 과제를 수행하지 못할 경우, 아동의 능력이 부족해서가 아니라 치료사가 아동의 수준에 적합한 맞춤형 치료환경을 조성하는 데 실패했기 때문이라고 본다.

예를 들어 키가 2m인 남자는 기성복을 사 입을 수 없다. 왜냐하면 기성복은 이 남자의 키에 훨씬 못 미치는 성인 남자의 평균 키를 기초로 만들어졌기 때문이다. 재단사가 이 남자 몸의 치수를 정확히 재어, 키에 맞는 맞춤형 옷을 재단해 주어야 남자는 자기 몸에 맞는 옷을 입을 수 있다.

만약 재단사가 이 남자의 키를 잘못 측정하면, 설령 그것이 이 남자를 위한 맞춤옷이라 해도 이 옷은 입을 수 없게 될 것이다. 이 남자의 키가 크기 때문이 아니라 재단사가 이 남자의 몸에 맞는 옷을 만들지 못했기 때문이다.

이와 마찬가지로 기능 수준이 아주 낮은 장애 아동은 일반 아동을 위한 표준화된 학습 방법으로는 배울 수 없다. 당연히 장애 아동은 자신의 기능 수준에 맞는 맞춤형 치료환경이 필요한 것이다. 치료사가 나름대로 장애 아동을 위해 맞춤형 치료환경을 만들어 학습 지도를 했더라도 실패했을 경우, 그것은 아동의 기능 수준이 낮아서가 아니라 치료사가 아동의 기능 수준에 적합한 치료환경을 만들지 못했기 때문이다. 따라서 응용행동분석에서는 아무리 기능 수준이 낮은 중중의 장애 아동이라도 아동의 수준에 맞는 맞춤형 치료환경을 만들어주어, 기대하는 목표행동이 반드시 성공적으로 수행되어야 한다. 이것이 응용행동분석의 알파와 오메가다.

아동을 위한 맞춤형 치료환경을 조성하는 데 필요한 응용행동분석 기법은 다음과 같다.

첫째, 아동의 기능 수준을 세밀히 관찰해서 파악한다. "아는 만큼 보인다."는 말이 있다. 과학자가 현미경으로 세균을 식별해내듯이, 아동 발달에 대한 지식을 갖춘 전문 치료사는 일반인의 눈에는 보이지 않는 아동의 능력을 발견할 수 있다. 즉, 치료사는 아동이 현재 가지고 있는, 또는 가지고 있을 것으로 판단되는 기능 수준을 파악할 수 있어야 한다.

둘째, 치료 목표는 아동이 많은 노력을 들이지 않고서도 성공할 수 있는 것으로 정한다. 아동이 목표행동을 성공적으로 수행하려면 맞춤형 치료환경이 필요하다. 맞춤형 치료환경 구성조건은 다음과 같다.

- 목표 과제를 쉽게 만들어주기
  이것은 한 과제를 여러 단계로 쪼개어 한 번에 한 단계씩 지도하는 것을 말한다.
- 문제행동의 발생을 최소화하는 환경 조성하기

예를 들면, 자리 이탈이 심한 아동은 벽을 향해 앉게 함으로써 자리 이탈의 기회 자체를 차단하는 것이다.
― 필요에 따라 도움의 양을 적절히 조절하기

예를 들면, '통 속에 블록 넣기' 과제를 수행할 때 아동이 아예 시도를 하지 않으면, 처음에는 아동의 손을 끌어 블록 넣기를 도와주고 점진적으로 도움의 양을 줄여나가 나중에는 손짓으로, 또는 말로 블록을 넣으라고 지시한다.
― 아동의 과제 수행 즉시 보상 주기

아동의 과제 수행 동기를 높여 주기 위해 목표행동이 나오는 즉시 과자, 음료수, 칭찬 등을 보상으로 준다.

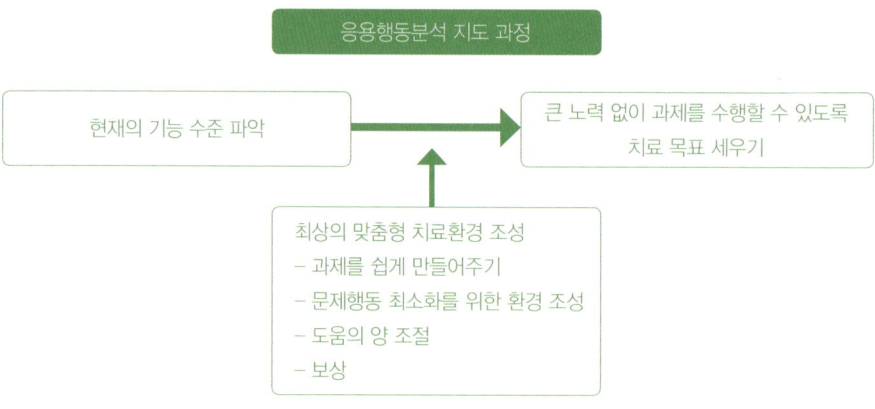

어떤 아동에게는 위에 열거한 네 가지 도움이 다 필요할 수도 있고, 어떤 아동에게는 한 가지만 필요할 수도 있다.

## 2. 맞춤형 치료환경 사례

미국의 대학에서 응용행동분석 과목을 수강할 때의 일이다. 응용행동분석을 통해 장애 아동을 지도하는 사례 연구를 위해 나는 네 살짜리 발달장애 남아를 배당받았다. 2주 동안 네 차례 이 아동을 관찰했지만, 내 눈에는 이 아동이 할 수 있는 것이 아무것도 없어 보였다. 나는 지도교수를 찾아가서 이 아동이 아무것도 할 수 없으니, 다른 아동으로 바꾸겠다고 말했다. 교수님은 내게 "그러면 그 아동이 숨은 쉬나요?"라고 물었다. 이 질문에 나는 얼굴을 들지 못하고 교수실을 나와 다시 그 아동을 꼬박 두 시간 동안 관찰했다. 나는 아동이 움직이는 모습 하나하나를 유심히 지켜보고, 침 흘리기, 넘어질 듯 걸어가기, 방석에 앉기, 책상 밑으로 기어가기, 일어서기, 바닥에 눕기 등을 일일이 기록했다. 나는 "적어도 이 아동은 걸을 수 있다."는 사실을 새삼 발견하게 된 것이다. 이 아동이 걸으면서 할 수 있는 과제가 무엇일까 고심한 끝에 '지시 따르기'를 치료 목표로 정했다. "이리 오라는 치료사의 손짓에 아동이 걸어오기"를 가르치기로 한 것이다. '지시 따르기' 행동을 가르치기 위한 '맞춤형 치료 환경 구성 조건'을 다음과 같이 적용하였다.

**제1부 동영상 01**

주형 ❶ 11세/정신연령 2세
지시 따르기 훈련을 위한 '골목' 만들기

**단계 1: 치료 초기에는 여러 가지 방법을 동원해서 이리 오라는 손짓에 오도록 만든다.**

'손짓'을 사용하는 이유는 이 아동의 기능 수준이 매우 낮고, 의사소통이 안 되어 진료 기록에 "청각장애가 의심된다"고 기록되었기 때문이다.

— 북쪽과 서쪽은 벽으로 막힌 조용한 빈방에서, 동쪽은 책상으로 막아 폭 1.5m, 길이 3m의 막힌 공간(골목)을 만든다.
— 치료사는 아동이 좋아하는 과자를 한 손에 들고
— 아동을 '골목' 반대쪽 벽에 세운 후, 곧바로 치료사는 뒷걸음치면서 한 손으로 오라는 손짓을 하고, 다른 손으로 과자를 아동에게 보여주면서 오라고 유인한다.
— 아동이 걸어오기 시작하면 바로 칭찬을 하면서 과자를 준다.

― 아동이 '이리 와 손짓'에 걸어올 기미가 보이지 않으면, 치료사가 아동에게 가까이 다가가서 '이리 와 손짓'을 하면서 과자로 유인하고, 발을 움직이기 시작하면 바로 칭찬하면서 과자를 준다.

― 점차 아동과 치료사와의 거리를 멀게 해서, 나중에는 치료사가 골목 끝에서 '이리와 손짓' 만으로 아동이 걸어 나올 수 있게 한다. 이 과정을 연속 5회 실시하여 4회 이상 성공하면 〈단계 1〉의 치료 목표가 완성된 것으로 본다.

'이리 와 손짓'을 하기도 전에 아동이 먼저 걸어나오는 경우 보상을 주어서는 안 된다. 아동이 '이리 와 손짓'에 따라 걸어나온 것이 아니기 때문이다. 손짓 지시에 따라 "걸어가야 한다"는 개념을 아동에게 학습시키기 위해서는, 아동을 벽에 세운 후 아동이 움직이기 전에 반드시 '이리 와 손짓'을 먼저 하는 것이 매우 중요하다.

**단계2: 골목의 폭과 길이를 점진적으로 넓히고 길게 한 상태에서 '이리 와 손짓' 지시 따르기를 수행한다.**

― 과자를 보여주면서, 때로는 과자 없이 '이리 와 손짓'을 한다.
― 아동이 걸어오면 건포도를 준다.

**단계3: 책상을 치우고(골목 없애기) 열린 공간(빈 교실)에서 2~3m 거리를 두고 '이리 와 손짓' 지시 따르기를 수행한다.**

― 〈단계2〉와 같은 조건에서 수행한다.

**단계 4: 치료 아동을 교실로 옮겨 다른 아동들이 있는 가운데, 2m 거리에서 '이리 와 손짓' 지시 따르기를 수행한다. 일반화 단계이다.**

― 과자를 보여주지 않은 상태에서 손짓 지시 따르기를 수행한 후
― 성공하면 과자로 보상을 한다.

**단계 5: 일반화 단계에서 아동이 손짓 지시에 따르면 건포도 없이 칭찬하면서 안아준다.**
위의 치료 과정을 맞춤형 치료환경 구성 조건에 맞추어 분석하면 아래와 같다.

### (1) 과제 수행 목표를 쉽게 만들어주기
— 아동이 다른 곳으로 걸어가지 못하게 '좁은 골목길'을 만들어준 것
— 아동이 좋아하는 과자를 보여줌으로써 걸어 나오도록 유인한 것
— 아동이 치료사에게 오지 않을 때는 치료사가 아동에게 가까이 다가가면서 걸어 나오기를 유도한 것
— 아동이 손짓 지시 따르기를 쉽게 수행할 수 있도록 치료환경을 조성한 것
 ① 갑갑해서라도 걸어 나오기 마련인 '골목' 환경에서 시작하여,
 ② 다른 아동들이 없는 교실로 바꾸고,
 ③ 마지막에는 다른 아이들이 있는 교실로 옮겨 손짓 지시 따르기를 수행

### (2) 문제행동 발생을 최소화하기
— 이리 오라고 할 때 다른 방향으로 가는 것을 막기 위해 '골목길'을 만든 것

### (3) 도움의 양을 적절히 제공하기
— 치료환경을 '골목길'에서 빈 교실로, 그리고 아동의 교실로 옮긴 것
— 아동이 걸어오지 않을 때는 치료사가 아동에게 다가가서 아동이 걸어야 할 거리를 짧게 만들어준 것
— 처음에는 과자를 보여줘서 유인하고, 나중에는 과자라는 유인책 없이 지시 따르기를 수행한 것
— 마지막 일반화 단계에서는 물질적 보상인 과자 대신에 사회적 보상인 안아주기로 바꾼 것

### (4) 지시에 따를 때마다 칭찬하면서 과자, 칭찬 또는 안아주기를 보상으로 준 것

다행히 이 아동을 위해 만든 '맞춤형 치료환경'이 아동의 기능 수준에 잘 맞아 치료 목표가 성공적으로 수행되었다. 만약 치료 아동에게서 원하는 반응이 일

어나지 않는다면, 그 아동에게 치료 환경이 적합하지 않은 것이다. 당연히 치료사는 치료 목표와 치료 환경을 바꾸어야 한다.

실패의 요인은 대략 다음과 같이 분석할 수 있다.

— 치료 목표가 너무 어려운 것은 아닌지 점검하기. 아동의 현재 기능 수준을 재점검하고, 아동의 행동을 면밀히 관찰하기
— 문제행동 발생은 철저히 차단되었는지 점검하기
— 보상은 아동이 정말 좋아하는 것인지, 혹은 다른 때에도 수시로 받는 것은 아닌지 점검하기(보상의 희소가치를 높이기 위해 치료 시간 이외에는 그 보상물의 사용을 철저히 차단해야 한다.)
— 도움을 줄 때 타이밍을 놓쳐서 한발 늦게 준 것은 아닌지 점검하기. 도움이 꼭 필요할 때는 0.1초를 다툴 정도로 빨리 주어야 한다.(타이밍이 잘 맞지 않으면 목표행동보다 문제행동이 먼저 나오기 때문에 치료의 흐름이 깨어지면서 아동과 치료사 양쪽이 치료에 불필요한 행동을 하게 한다.)

사례 연구 후기: 이 아동은 당시 교회에서 저소득층 가족을 위해 운영하는 조기교실에 다니면서 물리치료를 받고 있었다. 담임교사와 물리치료사는 이 아동이 손짓 지시에 따르는 것을 보고 "이 아이는 아무것도 할 수 없는 줄 알았다"고 감격해하던 모습이 30년이 지난 지금도 눈에 선하다.

# Ⅱ 바람직한 행동을 가르칠 때 사용하는 기법

## 1. 행동 형성 shaping

치료 목표를 정한 후, 목표행동을 한 번에 수행하지 못할 때 사용하는 방법이다.
- 처음에는 목표행동과 조금이라도 유사한 행동이 나오면, 목표행동이 아니라도 보상해준다.
- 보상 기준을 점진적으로 높여 목표행동과 더 유사한 행동을 보이면 보상해준다.
- 마지막 단계에서는 아동의 행동이 목표행동과 일치할 때만 보상해준다.

### 제1부 동영상 02
사랑 ❶ 25세/정신연령 2~4세
캐치볼 놀이 지도

### 제1부 동영상 03
동규 ❶ 8세/정신연령 1.5세
적목 넣기 지도

동규의 기능 수준은 학습이 불가능해 보일 정도로 낮아 보였다. 그러나 동규는 '행동 형성' 방법을 통해 '지시 따르기' 학습을 성공적으로 해냈다. 동규에 대한 이해를 돕기 위해 아래에 '동규의 일반적 정보'를 싣는다.

### 동규의 일반적 정보

| 발달 정보 | 이름(성별) | 동규(남) | |
|---|---|---|---|
| | 생활연령 | 만 8세 | |
| | 발달연령 | 4~17개월 수준 | |
| | 진단명 | 지적장애 1급(최중도), 묘성증후군이 의심됨 | |
| 발달연령 | 인지 | 1~2세 수준 | |
| | 운동 | 18개월 수준 | |
| | 의사 소통 | 6~12개월 수준 | |
| | 사회성 | 12개월 수준 | |
| 기능 수준 | 신변처리 | 먹기 | 허겁지겁 먹음/숟가락 사용이 불안정함/편식 없음 |
| | | 입기 | 의존적 |
| | | 씻기 | 의존적 |
| | | 대소변 관리 | 기저귀 미착용/보호자가 정해진 시간에 배변을 도와줌 |
| | 운동 | 대근육 운동 | 도움 없이 걷기 가능 |
| | | 소근육 운동 | 손으로 물건 잡기 가능 (힘있게 잡지는 못함) |
| | 의사소통 | 어려움 | |
| | 사회성 | 어려움 | |
| | 놀이활동 | 어려움 | |
| 좋은 점 | 움직임이 둔하기는 하나 대부분의 운동 기능이 가능 | | |
| 문제행동 | • 주의 집중 시간이 짧음<br>• 이름을 부른 후 눈을 마주치려 하면 전혀 상관하지 않거나 고개를 돌려버림<br>• 혼자서 옷을 입지 못함<br>• 그릇에 입을 대고 긁어 먹음<br>• 빠른 속도로 음식을 먹음<br>• 숟가락 사용이 미흡함<br>• 촉각에 대한 반응이 없음<br>• 임신 중 산모의 하혈이 심했음 | | |

| 기타<br>(아동의 특성) | • 1.5kg의 저체중아(20일 가량 인큐베이터에 있었음)<br>• 원래 사시였으나 현재는 많이 호전됨 |

## 2. 과제 분석 task analysis

— 목표행동을 작은 단계로 나눈다.
— 처음에는 첫 단계만 가르친다.
— 첫 단계를 성공적으로 수행하면, 첫 단계와 두 번째 단계를 연결해 한번에 수행하고, 이런 방식으로 계속해서 각 단계를 연결해 수행한다.
— 나중에는 첫 단계부터 마지막 단계까지 한번에 수행한다.

과제에 따라 첫 단계부터 차례대로 가르치는 것이 더 효과적인 과제도 있고(연쇄: forward chaining), 마지막 단계부터 시작하여 순서를 거꾸로 가르치는 것이 더 효과적인 과제도 있다(역연쇄: backward chaining).

### (1) 연쇄방법(예: 볼펜 조립하기)
— 과제 분석
① 한 손에 볼펜 심 잡기
② 다른 손에 용수철 잡기
③ 용수철을 볼펜 심에 끼우기
④ 볼펜 대 속에 ③을 넣기
⑤ 완성된 볼펜대(④에 해당함)에 뚜껑 끼우기

## 제1부 동영상 04

채원 ❶ 19세/정신연령 4세
볼펜 조립 지도

― 연쇄 방법으로 볼펜 조립 가르치기
　① '한 손에 볼펜 심 잡기'만 집중적으로 반복해서 가르치기
　② '한 손에 볼펜 심 잡기'와 '다른 손에 용수철 잡기'를 동시에 반복해서 수행하기
　③ '용수철을 볼펜 심에 끼우기', '손에 용수철 잡기', 그리고 '볼펜 심에 끼우기'를 함께 반복해서 수행하기
　④ '한 손에 볼펜 심 잡기', '다른 손에 용수철 잡기', '용수철을 볼펜 심에 끼우기', '볼펜 대 속에 용수철 낀 볼펜 심 넣기'를 반복하기
　⑤ 첫 단계부터 마지막 단계까지 반복해서 수행하기

단계별로 연속 5회 수행해서 4회 이상(80%) 성공할 때까지 반복한다.
각 단계 수행 시에 아동에게 도움이 필요하면 적절한 양의 도움을 주어 그 과제가 성공히도록 도와주고, 점진적으로 도움의 양을 줄여간다.


## (2) 역연쇄 방법(예: 바지 입기)

― 과제 분석
　① 바지에 한 발 끼우기
　② 바지에 다른 발 끼우기
　③ 두 발 끼운 바지 무릎까지 올리기
　④ 무릎까지 올린 바지를 허리까지 올리기

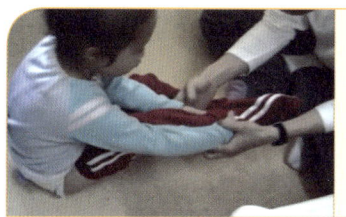

**제1부 동영상 05**

슬기 ❶ 10세/정신연령 1.5세

바지 입기 지도

― 역연쇄 방법으로 바지 입기 가르치기
  ① 바지를 무릎까지 입혀주면, 아동이 바지를 무릎에서 허리까지 올리기 → 반복 수행
  ② 바지에 양발을 끼워주면, 아동이 바지를 허리까지 올리기 → 반복 수행
  ③ 바지에 한 발만 끼워주면, 아동이 다른 발을 끼운 후 허리까지 올리기 → 반복 수행
  ④ 아동 혼자서 첫 단계부터 마지막 단계까지 바지 입기 → 반복 수행

단계별로 연속 5회 수행해서 4회 이상(80%) 성공할 때까지 반복한다.
각 단계 수행 시에 아동에게 도움이 필요하면 적절한 양의 도움을 주어 그 과제가 성공하도록 도와주고, 점진적으로 도움의 양을 줄여간다.

**과제 분석과 행동 형성의 차이점**
― '행동 형성'에서는 난이도의 단계가 있는 것은 아니다. 문제행동만 아니면 아동의 행동에 대해 처음부터 보상을 주면서 목표행동과 비슷하도록 유도해간다.
― '과제 분석'에서는 하나의 과제를 여러 단계로 쪼개어 한 단계씩 나누어 가르치면서 보상의 기준을 상향 조정한다.

## 3. 보조법과 용암법

보조법은 아동이 주어진 과제를 어떻게 수행해야 할지 모를 때, 적절한 도움을 줌으로써 해야 할 행동의 방향을 가르쳐주는 방법을 말한다.

용암법은 아동이 주어진 과제를 도움을 받아 잘 수행한 후, 도움 없이 혼자 수행할 수 있도록 점진적으로 도움의 양을 줄여가는 것이다. 따라서 보조법과 용암법은 '바늘과 실' 처럼 항상 같이 사용된다.
정신연령이 2세 전후의 장애 아동 지도는 보조법 없이는 불가능할 정도로 보조법은 매우 중요하다.
보조법과 용암법을 사용할 때 아래의 원칙을 지켜야 한다.

### 타이밍을 맞추어 보조법 사용하기

— 보조법을 사용하는 이유는 치료 초기부터 원하는 목표행동을 성공시키기 위한 것이다.
— 따라서 아동이 언제 도움이 필요한지, 주의 깊게 관찰하여 필요한 즉시 도움을 주어야 한다. 이 타이밍을 놓쳐서 문제행동이 먼저 발생하면, 치료의 흐름이 깨져서 원하는 목표행동을 지도할 수 없게 된다. 여기서 말하는 '즉시'는 '0.1초'를 말한다.
— 아동에게 지속적인 도움을 주면서 과제를 수행하게 하면, 타성이 생겨 도움 없이 스스로 하는 학습이 어려워진다. 따라서 도움을 받아 학습이 어느 정도 이루어지면, 도움의 양을 점진적으로 줄여가야 한다.
— 도움의 양을 너무 일찍 줄이면 과제 수행에 실패할 수 있기 때문에 시간을 잘 선택해서 줄여나가야 한다. 일반적으로 연속 10회 수행 중에 8회(80%) 이상 성공하면, 또는 연속 5회 수행 중에 4회 이상 성공하면, 그 과제 학습이 이루어진 것으로 간주하고 도움의 양을 서서히 줄여간다.

## 1) 보조법 종류

(1) 시각적 보조: 색깔 사용, 손짓 등 아동이 눈으로 쉽게 볼 수 있는 학습 도구를 사용해서 도움을 주기
(예: 바지 앞뒤를 구분하지 못하는 아동에게 하트 모양의 색종이를 바지 앞쪽에 붙여서 앞뒤를 구분하게 하기)

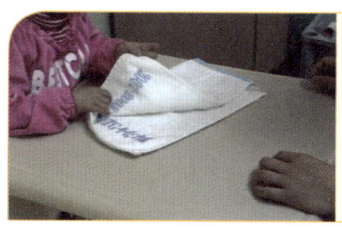

## 제1부 동영상 06

슬기 ❷ 10세/정신연령 1.5세
바지 앞뒤 구분하기 지도

### 아동의 '앞뒤 구별해서 바지 입기' 지도하는 과정

| | |
|---|---|
| | 앞쪽 표시가 된 바지를 주면 스스로 바지를 입는다. |
| **장기 목표 1** | 일어선 자세에서 바지를 완전히 끌어올린다.<br>① 엉덩이 중간에 걸쳐준 바지를 끝까지 끌어올린다.<br>② 엉덩이 밑에 걸쳐준 바지를 끝까지 끌어올린다.<br><br>앉은 자세에서 다리와 발을 끝까지 끼운다.<br>① 한쪽 발목을 혼자서 끼운다.<br>② 양쪽 발목을 혼자서 끼운다.<br><br>바지를 혼자 입는다. |

| | |
|---|---|
| | 바지 앞쪽에 붙인 하트 모양을 스스로 찾아 앞뒤를 분간해서 바지를 입는다. |
| **장기 목표 2** | 수건에 감춰진 10cm 크기의 하트를 찾는다.<br>① 전체가 보이는 하트 모양을 찾는다.<br>② 절반만 보이는 하트 모양을 찾는다.<br>③ 완전히 감춰진 하트 모양을 찾는다.<br>　　a. 한 번 접힌 수건을 펼쳐서 하트를 찾는다.<br>　　b. 두 번 접힌 수건을 펼쳐서 하트를 찾는다.<br><br>바지 앞쪽에 7cm 크기의 하트 모양이 감춰진 것을 혼자서 찾아내어 바지를 입는다.<br>① 한 번 접힌 바지에 감춰진 하트를 찾는다.<br>② 두 번 접힌 바지에 감춰진 하트를 찾는다.<br>③ 하트 모양을 찾아 앞뒤 구별해서 바지를 입는다. |

(2) 언어적 보조: 말로 도움 주기
(예 1: '엄마' 발음할 때 "어—" 소리를 내어 발성 도와주기)
(예 2: 물건을 넣어야 할 위치를 알려줄 때 "여기"라고 말해주기)

(3) 신체적 보조: 손으로 잡아서 도와주기
(예: 블록을 통 속에 넣을 때, 아동 손을 끌어당겨 통 위쪽에서 잡은 손을 놓으면 블록이 통 속에 떨어지도록 도와주기)

제1부 동영상 07

동규 ❶ 8세/정신연령 1.5세
통 속에 적목 넣기 지도

(4) 환경적 보조: 아동의 문제행동 발생 차단하기
(예1: 의자 앉기가 안 되는 아동에게는 양쪽 벽이 만나는 구석에 밖을 향해 의자를 놓은 다음, 아동을 의자에 앉히고 그 앞에 책상을 놓으면, 아동이 의자에서 일어나 돌아다니는 것이 차단된다.) (〈그림 2-1〉 참조)

(예2: 의자에 앉히면 책상 밑으로 빠져나오는 아동에게는 〈그림 2-2〉와 같이 책상 아래 가운데 부분이 막힌 책상을 사용한다.)

〈그림 2-1〉 아동의 자리 이탈 방지를 위한 책상과 걸상 위치

〈그림 2-2〉 아동의 자리 이탈 방지를 위해 책상 아래 가운데를 막은 책상

(예3: 손으로 얼굴을 때리거나 손가락을 빠는 행동을 차단하기 위해 팔을 구부릴 수 없도록 양 팔꿈치에 '팔걸이' 착용시키기)

제1부 동영상 08
오현 ❶ 8세/정신연령 1세
손가락 빨기 방지 위해 팔걸이 끼우기

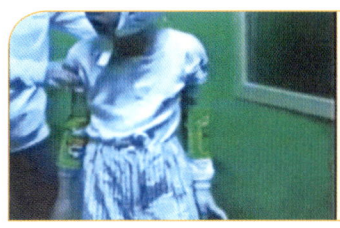

제1부 동영상 09
재훈 ❶ 8세/정신연령 2세
머리 때리기 방지 위해 팔걸이 끼우기

장애 아동용 보조기구는 치료 초기에 학습이 가능해질 때까지만 잠정적으로 사용한다.

## 2) 일반화 과정

행동치료의 목표는 세 가지로 나눌 수 있다. 1차 목표는 한 명의 장애 아동을 위한 맞춤형 치료환경에서 목표행동이 일어날 수 있도록 도와주는 것이고, 2차 목표는 맞춤형 치료환경에서 외적인 도움의 양을 줄인 상태에서 목표행동이 수행되게 하는 것이다. 3차 목표는 일반 환경에서도 목표행동을 할 수 있게 하는 것이다. 3차 목표를 위한 치료 과정을 '치료 효과의 일반화' 라고 한다. 궁극적으로 모든 치료의 목표는 3차 목표까지 달성하는 것이어야 한다.

일반화 과정은 여러 단계로 나뉜다.

첫째, 도움의 양을 점진적으로 줄여가는 단계
둘째, 한 명의 아동을 위해 만든 맞춤형 환경 조건에서 인위적인 요소(보조도구 사용, 보상 주기 등)를 점진적으로 줄여 일반 환경과 비슷하게 만들어주는 단계

셋째, 목표행동뿐만 아니라 그와 비슷한 종류의 다른 행동도 수행할 기회를 주고, 여러 치료사가 번갈아 지도하며 치료 장소를 옮겨 다니는 단계(아동이 맞춤형 환경이나 하나의 과제, 한 명의 치료사에 얽매이지 않고, 일반적인 환경에서도 목표행동을 잘 수행할 수 있도록 도와준다.)

예를 들면, 단추 끼우기를 가르칠 경우, 처음에는 큰 단추가 달린 '단추 끼우기 연습 도구'를 사용하고, 다음으로 큰 단추가 달린 연습용 조끼를 만들어 연습시키고, 마지막으로 평소 자신의 옷으로 지도한다. 이렇듯 응용행동분석을 통한 치료에는 일반화를 촉진하는 과정이 반드시 포함되어야 한다.

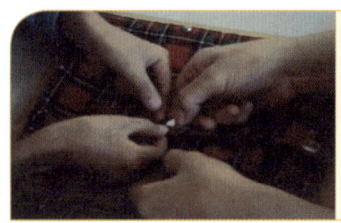

### 제1부 동영상 10

태경 ❶ 11세/정신연령 4세
단추 끼우기 지도

# Ⅲ 바람직하지 않은 행동 교정을 위한 기법

바람직하지 않은 행동을 '문제행동'이라고 한다. 문제행동은 '해야 할 행동을 하지 않는 것'과 '하지 말아야 할 행동을 하는 것'으로 분류된다. 예를 들면 전자는 8세 된 아동이 밥을 안 먹는 것이고, 후자는 주위의 물건을 집어던지거나 다른 아동을 때리는 경우가 될 것이다.

이러한 문제행동을 억제하거나 교정하는 방법으로 사용되는 수단이 '벌'이다. 벌은 아동의 입장에서 고통스럽거나 기분 나쁜 자극을 받거나, 즐기고 있는 자극을 빼앗기는 것이다. 즉, 문제행동을 할 때 혐오스러운 자극을 주거나, 즐기고 있는 자극을 빼앗음으로써 문제행동을 억제하도록 유도하는 것이다.

그러나 무거운 물체에 눌려 있는 용수철이 그 물체를 치우면 바로 튀어 오르듯이 벌로써 억압한 문제행동은 잠시 억눌려 있을 뿐, 혐오 자극이 제거되면 다시 나타난다. 따라서 벌이라는 수단을 사용하여 문제행동을 교정하는 것은 바람직하지 않다.

발달장애 아동의 문제행동은 일반 아동의 문제행동과는 다르다. 일반 아동의 문제행동은 할 수 있는 능력이 있지만 해야 할 행동을 하지 않거나 남에게 피해를 주기 때문에 문제가 된다.

그러나 발달장애 아동은 할 수 있는 능력이 없거나 모자라서, 해야 할 행동을 하지 못하거나 아무것도 할 수 없는 경우가 많다. 장애 아동의 문제행동은 혼자서 무료함을 달래거나 주위의 관심을 끌기 위한 수단으로 나오는 것이 대부분이다. 따라서 장애 아동의 문제행동을 지도할 때는 먼저 기본 학습기술(주의집중, 지시 따르기 등)을 가르치거나, 간단한 과제 수행 또는 놀이 학습을 한 후에 문제행동을 벌하는 방법을 사용한다.

## 1. 문제행동 교정에 사용되는 응용행동분석 기법

- 응용행동분석 기법을 사용할 때는 큰 소리로 "안 돼"라고 엄하게 한 번 말한 후, 되풀이해서 꾸짖거나 다른 얘기를 덧붙여서는 안 된다.
- 문제행동 발생 즉시 아래에 소개된 기법을 엄격히, 일관성 있게 적용한다.
- 아동 스스로 과제를 수행하지 않을 때는 치료사가 아동의 손을 잡고 강제로 재빨리 수행시킨다.

### 1) 고립 time out
문제행동이 발생하면 즉시 그 상황에서 다른 상황으로 격리(15초 내외)시키는 방법이다.

제1부 동영상 11
재훈 ❹ 8세/정신연령 2세
고립 방법의 예

(예1: 구석에 세우기, 또는 구석에 세워 놓고 못 움직이도록 벽을 향해 밀기)
(예2: 구석에 의자를 갖다 놓고 벽을 향해 의자에 앉히기, 또는 앉은 아이의 어

깨를 눌러 움직이지 못하게 하기(앞의 사진처럼 의자와 책상은 구석에 놓되, 아동을 곧바로 격리시킬 수 있도록 가까이 놓아야 한다.)

## 2) 과잉 정정 overcorrection

(1) 원상 복원 restitution
문제행동으로 인해 잘못된 상황을 원래의 상태로 복원시키는 방법으로, 아동을 힘들게 함으로써 문제행동의 발생을 줄이는 것이 목적이다.
(예1: 밥알을 많이 흘리는 아동에게 흘린 밥알을 모두 주워 먹게 하기)
(예2: 오줌 쌌을 때 걸레로 흘린 오줌 닦게 하기)
(예3: 물건을 집어던지면, 즉시 아동의 손을 잡아당겨 물건을 줍게 해서 원래 자리에 갖다 놓게 하기)

(2) 과잉 연습 positive practice
아동의 문제행동을 바로 잡는 연습을 되풀이시킴으로써 문제행동의 발생을 예방하는 방법이다.

(예1: 잠자리에서 오줌을 쌌을 때, 아동이 화장실 가는 연습을 10회 내외 반복시키기. 누워 있다가 일어나서 → 화장실에 가서 → 바지 내리고 변기에 앉기 → 일어나서 바지 입고 → 잠자리에 와서 눕기 → 다시 일어나서 화장실가기 … 반복)

(예 2: 문을 쾅 닫는 행동을 할 때는 문 닫는 연습을 10회 내외 반복시키기. 방 가운데 의자를 놓고 의자에 앉기 → 일어나서 문을 조용히 닫고 다시 의자에 돌아와 앉기 → 다시 일어나서 문을 조용히 닫고 의자로 돌아와 앉기 → 다시 일어나서 …반복)

## 3) 소거

어떤 아동은 문제행동을 일으켜 야단을 맞으면 그것을 '벌'의 개념으로 받아들여 기분 나빠 하는 것이 아니라 관심을 받는 '보상'의 개념으로 받아들인다. 이런 경우 아동이 문제행동을 할 때 철저히 외면함으로써 그런 행동의 감소를 유도할 수 있다.

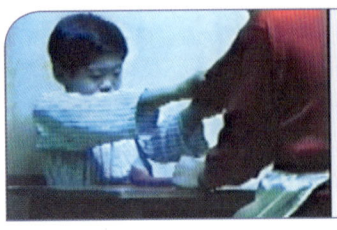

**제1부 동영상 12**
재훈 ❹ 8세/정신연령 2세
문제행동 무시하기

― 치료의 대상이 되는 문제행동을 과장되게 무시하면서(관심 중단)
― 다른 행동(좋은)에는 수시로(0~5초 간격으로) 관심을 보이면서 보상을 준다.
― 또는 간단한 과제를 수행시키면서 보상을 준다.


## 4) 포만

맛있는 음식도 계속 먹으면 질리듯이, 문제행동을 싫증 날 때까지 실컷하도록 유도함으로써 문제행동의 감소를 유도하는 방법이다. 그러나 아동 자신이나 주위 사람을 다치게 하거나 생명에 위협이 되는 행동은 이 방법을 사용하기에 적합하지 않다.

(예1: 종이 찢기 행동)
― 상자에 한 시간 정도 찢을 분량의 종이를 가득 담고(맨 위에는 찢기 쉬운 휴지나 신문지를, 아래로 갈수록 찢기 어려운 포장지나 벽지를 넣는다.)
― 종이를 다 찢으면 다시 채우고 또 찢도록 한다.
― 싫증을 내고 중단하면, 더 찢으라고 반강제로 권한다.
  (약 1주일 정도 이 과제를 계속 수행시키면 종이 찢기 행동이 치료된다.)

(예2: 침이나 콧물 등 이물질을 손으로 문지르는 행동)
— 침 대신에 로션을 아동의 다리(또는 다른 부위에)에 듬뿍 발라준 후 문지르게 한다.
— 한참을 문지른 후 싫증이 나서 중단하면, 로션을 더 발라주면서 계속 문지르도록 반강제로 권한다.

## 5) 권리 박탈 response cost

아동에게 특정 권리를 준 후 아동이 약속을 지키지 않으면 그 권리를 빼앗는 것으로 문제행동을 벌하는 방법이다.

(예: 반향어 치료하기)

제1부 동영상 13

기은 ❶ 15세/정신연령 3~4세

권리 박탈의 예(토큰 빼앗기)

— 아동에게 미리 토큰 열 개를 준 후, 토큰과 과자를 바꿔 먹을 수 있게 하고
— 아동에게 간단한 과제를 수행시키는 동안, 아동이 치료사의 말을 따라 반향어를 하지 않으면 토큰 한 개와 과자를 바꿔 먹게 하고
— 치료사의 말을 따라 반향어를 하면 "따라 하면 안 돼"라고 엄하게 말하고 나서, 아동의 토큰 한 개를 빼앗는다.

## 6) 조건부 운동 contingent exercise

아동의 문제행동과 동작이 유사한 운동을 강제로 시킴으로써 문제행동을 감소시키는 방법이다.

(예1: 아무데서나 바닥에 드러눕는 행동 치료하기)

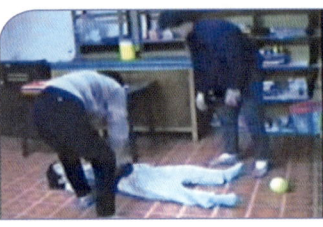

**제1부 동영상 14**
재훈 ❻ 8세/정신연령 2세
조건부 운동(윗몸 일으키기)

- 눕는 행동과 동작이 유사한 행동으로 '윗몸 일으키기'를 선택한다.
- 아동이 누울 때마다 즉시 윗몸 일으키기를 강제로 10회 내외 시킨다.

(예2: 머리를 손으로 때리는 자해행동 치료하기)
- 머리를 때릴 때마다 그 팔을 머리 위로 올렸다 내렸다 하는 동작을 10회 내외 시키기

(예3: 물건 집어던지는 행동 치료하기)

**제1부 동영상 15**
재기 ❷ 14세/정신연령 2~4세
조건부 운동(블록 30개 넣기)

- 한쪽 상자에는 블록 10~20개를 담아 놓고, 옆에는 빈 상자를 놓은 다음
- 그 블록을 빈 상자로 옮기게 한다.
- 이때 아동이 하기 싫어서 블록을 내던지면

— 즉시 아동의 손을 잡고 상자에 든 블록을 모두 옆 상자로 강제로 옮기게 하기

## 7) 체계적 감각둔화법 systematic desensitization

불안이 심한 경우 불안을 점진적으로 제거해주는 방법으로 사용된다.
— 불안을 일으키는 대상이나 요인을 점검한 후
— 불안 자극의 위계(불안의 강도에 따른 순서)를 정하고
— 초기에는 아동이 감당할 정도의 약한 불안 자극에 노출시키면서 아동에게 보상 주기와 같은 좋은 경험을 제공하고
— 점진적으로 불안 자극의 강도를 높여간다.

(예: 거실에서 방이나 치료실에 들어오기를 두려워하는 불안장애 아동 지도하기)

제1부 동영상 16
주희 ❶ 15세/정신연령 3~4세
불안장애 치료

### 단계 1
— 치료실 문을 열어놓은 상태에서 치료실 안과 밖에서 치료사와 아동이 마주 쳐다보기
— 치료사가 과자를 손에 들고 아동에게 받아먹으라고 권하기
— 아동은 거실에 선 채 치료실 안에 있는 치료사가 주는 과자를 받아먹기

### 단계 2
— 치료실 문을 열어놓은 상태에서 아동과 치료사가 마주 쳐다보기
— 치료사가 과자를 손에 들고 아동에게 치료실 안에 들어와서 과자를 받아 먹으라고 권하기

— 아동은 치료실 안에 들어와서 과자를 받고 다시 나간다.

단계 3
— 치료실 문을 열어놓은 상태에서 아동과 치료사가 마주 쳐다보기
— 블록과 통이 놓인 책상과 의자를 치료실 문 가까이 두고, 치료사가 아동에게 블록을 통 속에 넣으면 과자를 준다고 말하면서 들어오라고 권유하기
— 아동은 얼른 블록을 통 속에 넣은 후(이때 다른 치료사들이 아동의 과제 수행을 도와줌) 과자를 받고, 다시 치료실 밖으로 나가기

단계 4
— 치료실 문을 열어놓은 상태에서 아동과 치료사가 마주 쳐다보기
— 치료실에 의자와 과제물이 놓인 책상을 놓고 아동에게 과자를 보여주면서 과제 수행을 유도한다.
— 아동이 의자에 앉으면 과자를 준다.

단계 5
— 거실과 치료실 사이의 문을 닫은 상태에서
— 아동이 치료실 의자에 앉아 과제를 수행하면 과자를 준다.
— 이후 치료실에서 과제를 수행하면서 과자를 받고 15분간 과제를 수행한다.
— 치료실에 들어오는 불안장애가 해소된다.

처음 치료실 문을 닫았을 때는 저항이 심했으나 과제 수행 후 보상받는 〈if— then〉 관계가 지속되면서 불안감이 줄어들었다.

## 2. 문제행동 치료 과정

### 1) 문제행동의 원인 찾기

문제행동의 원인을 파악하기 위해서는 문제행동을 하기 전 상황Antecedent condition과 그 행동Behavior이 발생된 후의 결과Consequence를 면밀히 관찰하여, 문제행동을 강화하는 요인에 관한 정보를 체계적으로 기록해야 한다. 이를 〈ABC원리〉라고 한다. 문제행동을 강화하는 요인이 문제행동 발생 전의 상황에서 오는 것인지, 또는 발생 후의 상황에 영향을 받은 것인지 확인한 다음 치료 계획을 세운다. 즉, 문제행동의 강화 요인을 제거하면서 바람직한 행동을 가르치는 방법으로 문제행동을 치료한다.

(예: 주형이는 11세 남자아이로 식사 직후 시작해서 두 시간이 지난 후에도 구토를 한다. 주형이의 구토 행위의 원인을 파악하기 위해 〈ABC 기록〉을 다음과 같이 실시했다.)

| 구토 행위 전<br>아동 자신의 행동 또는 상황<br>A | 구토 행위<br>B | 구토 행위 후 아동 자신의 행동<br>또는 주위의 반응<br>C |
|---|---|---|
| 밥을 떠먹인 후 보모가<br>다른 아동에게 이동하면 | 바닥에 구토 | 구토 후 토해낸 음식을<br>바로 다시 먹음 |
| 밥을 다 먹은 후 얼굴을 몇 초간<br>찡그린 후 | 억 소리내며 바닥에 구토 | 구토 후 바로 다시 먹음 |
| 밥 먹고 두 시간 지난 후 얼굴을<br>찡그리고, 배를 몇 초간 쓰다듬은 후 | 억 소리내며 바닥에 구토 | 구토 후 바로 다시 먹음 |

(예: 구토 행위 원인을 확인한 후 치료하기)

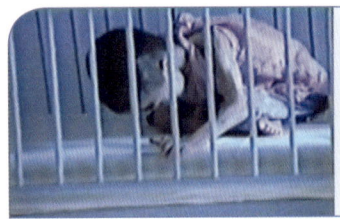

**제1부 동영상 17**

주형 ❷ 11세/정신연령 2세
구토 행위 치료

- 주형이의 구토 행위의 강화 요인은 토해낸 것을 다시 먹는 것으로 판명되었다.
- 따라서 구토 행위의 강화 요인을 제거하였다. 즉, 주형이가 토해내자마자 즉시 토해낸 것을 치웠다.
- 이후 주형이는 음식을 토해내지 않고 입안에 넣은 채 우물우물했다. 이때 입안에 있는 음식을 휴지로 즉시 닦아냈다.
- 2년간 지속되었던 주형이의 구토 행위는 사흘 만에 치료되었다.

## 2) 보상받을 수 있는 바람직한 행동 학습시키기

문제행동을 치료할 때 지켜야 할 원칙은 아동이 보상받을 수 있는 어떤 바람직한 행동을 할 수 있는지 확인한 후 치료 계획을 세우는 것이다. 왜냐하면 '용수철 현상' 때문이다. 용수철은 무거운 물체로 눌러 놓으면 납작하게 눌려 있지만, 그 물체를 치우면 즉시 튀어 오르기 마련이다.

장애 아동이 문제행동을 못 하도록 통제를 가하면 제재하는 동안에는 문제행동이 감소하지만, 통제가 제거되면 문제행동은 다시 나오기 때문이다. 따라서 문제행동을 치료할 때는 반드시 보상받을 수 있는 바람직한 행동을 먼저 확보한 후에 치료 계획을 세워야 한다. 주의 집중이나 지시 따르기가 안 되는 장애 아동의 경우에는 먼저 간단한 과제 수행을 가르친 다음(이때 문제행동에 대해서는 소거 방법에 따라 철저히 무시함), 문제행동 통제에 들어간다.

문제행동의 치료 과정은 다음과 같은 순서로 이루어진다.
① 아동이 쉽게 할 수 있는 간단한 과제를 주고,
② 치료사가 도움을 주어 과제 수행을 성공시켜서 보상을 준 다음
③ 문제행동이 나오면 미리 계획된 방법으로 즉각 통제한다. 다만 문제행동은 철저히 통제하되, 가능하면 아동이 보상받는 횟수를 많이 가질 수 있도록 치료환경을 만들어 주어야 한다.

(1) 강화의 조건(if-then) 학습

새로운 과제를 가르치기 전에 아동에게 먼저 학습시켜야 할 것은 '보상받는 기준이나 조건'을 알게 하는 것이다. 무엇을 하면(if) 보상을 받는지(then), 즉 〈if-then〉 관계를 인식시키는 것이다.

중증 장애 아동에게 〈if-then〉 관계를 이해시키기 위해서는 시작과 끝이 분명한 과제를 사용하는 것이 효과적이다. 즉, 블록을 통 속에 넣기, 손가락으로 누르면 인형이 톡 튀어나오는 장난감, 버튼을 누르면 즉시 음악이 나오는 장난감 등과 같이 아동이 한 행동의 결과가 바로 눈앞에 나타나는 학습 도구를 사용하는 것이 좋다.

기능 수준이 좀 높은 아동의 경우에는 "의자에 앉아, 일어나, 이리 와, ~을 주세요."와 같은 지시어 따르기 과제도 〈if-then〉 관계의 학습 활동으로 적합하다.

제1부 동영상 18

희주 ❶ 9세/정신연령 2~3세
지시 따르기(의자에 앉기)

(2) 3단계 지시 따르기 학습

〈if—then〉 관계를 가르치는 방법으로 3단계 지시 따르기가 효과적이다.

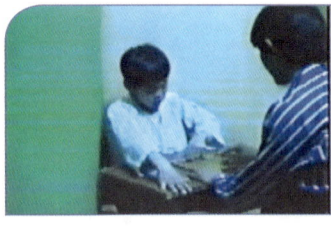

제1부 동영상 19

재훈 ❷ 11세/정신연령 2세
3단계 지시 따르기 훈련

— 1단계에서는 말로 지시를 내린 후 과제를 수행하면 보상을 준다. 그러나 5초 내에 지시를 수행하지 않으면,
— 2단계에서는 손짓으로 다시 한번 지시를 내리고, 과제를 수행하면 보상을 준다. 2단계에서도 과제를 수행하지 않으면,
— 3단계에서는 아동 손을 잡고 강제로 과제를 수행시키고, 보상은 주지 않는다. 이때 주의할 점은 다음과 같다.
  ① 아동이 시도는 하지만 과제 수행이 잘 안 될 때는 도움을 주어 과제를 성공적으로 수행시킨 후 보상을 준다.
  ② 기능 수준이 낮아 주의 집중이 안 되고, 물건을 집어던지거나 충동적인 경향이 있는 아동의 경우에는 위의 3단계 지시 따르기 과정 중 맨 나중의 3단계를 먼저 실시한 후 1단계로 되돌아간다. 즉, 처음부터 아동의 손을 잡고 과제를 수행시킨 후 바로 보상을 주고, 아동이 이 과제 수행에 익숙해지면, 그다음부터 1단계부터 시작해서 1, 2단계에서는 보상을 주고, 3단계에서는 보상을 주지 않는다.

(3) 지시 따르기 전에 충동적으로 행동하는 아동의 경우

어떤 아동은 치료사가 지시어를 말하기 전에, 또는 과제물을 책상 위에 올려놓기가 무섭게 과제를 수행하려 든다. 이것은 아동이 과제를 수행하는 것이 아니라 아동의 충동적인 행동이 표출된 것이다. 이때 보상을 주면 아동의 충동적인

문제행동이 오히려 더 강화되는 악순환을 초래하게 된다. 〈if—then〉 학습의 목적은 "치료사가 지시할 때까지 기다린 후 치료사의 지시에 따라 과제를 수행하면 보상을 받는다"는 것을 가르치는 것이다. 치료사가 지시를 내리기도 전에 과제를 수행하는 것은 아동이 제멋대로 행동하는 것이지 치료사의 지시에 따르는 것이 아니기 때문이다.

이렇게 충동적인 아동의 경우 다음과 같은 방법으로 지도한다.

— 아동이 자리에 앉기 전에 과제물을 책상 가운데에, 또는 아동으로부터 멀찍이 놓는다.
— 아동을 의자에 앉힌 후, 아동이 마음대로 과제물을 만지지 못하도록 치료사가 팔로 아동의 한쪽 팔과 가슴을 막은 다음 곧바로 지시를 내린다.

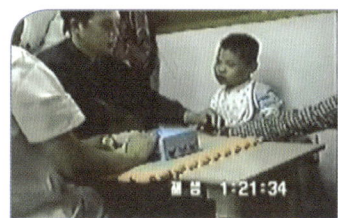

제1부 동영상 **20**

오현 ❷ 10세/정신연령 1.5세
과제 수행 전에 팔 내려놓기

— 기능 수준이 높은 아동의 경우에는 아동을 의자에 앉힌 후 '무릎 위에 손 올려놓기'를 가르친다. 즉, 과제 수행 전에 손을 무릎에 놓게 한 후 보상을 준 다음 바로 과제 수행 지시를 내리고, 과제 수행을 하면 또 보상을 준다.

제1부 동영상 **21**

보혁 ❷ 12세/정신연령 3~4세
과제 수행 전에 무릎에 손 올려놓기 지도

# Ⅳ 주의 집중과 지시 따르기 지도

중증 장애 아동을 지도할 때 가장 어려운 것은 주의 집중이나 지시 따르기가 안 되는 경우이다. 이런 중증 장애 아동은 대체로 두 경우로 나뉜다. 하나는 지능 수준 자체가 너무 낮아 주의 집중과 지시 따르기가 안 되는 아동의 경우이고, 다른 하나는 지능은 어느 정도 발달되어 사물을 이해하고 의사소통도 부분적으로 가능하지만 기본 학습훈련이 되어 있지 않아 제멋대로 행동하는 아동이다.

주의 집중과 지시 따르기는 과제 수행을 학습하는 데 가장 기본이 되는 능력이다. 따라서 중증 장애 아동을 지도할 때는 이 능력을 먼저 학습시킨 후, 과제 수행을 지도하는 것이 순서이다.

주의 집중과 지시 따르기를 가르치는 과정은 크게 두 단계로 나뉜다. 첫 번째는 〈if—then〉 관계를 인식시키는 과정이고, 두 번째는 과제 수행을 통해 주의 집중이나 지시 따르기를 가르치는 것이다.

# 1. ⟨if—then⟩ 관계 학습

장애 아동을 지도할 때 치료사가 가장 먼저 학습시켜야 할 치료 목표이다. 장애 아동에게 이 인과 관계를 이해시켜야 아동의 문제행동을 차단하고 바람직한 행동을 학습시키는 것이 가능하기 때문이다. 장애 아동이 어느 경우에 어떤 행동을 수행해야 하는지, 어떤 행동을 수행하면 안 되는지를 분명하게 알지 못하면 이후 진행되는 지시 따르기, 인지 학습, 신변처리 기술 등의 학습이 불가능하기 때문이다.

— 언제 보상을 받고, 언제 통제를 받는지 학습시키기
— 간단하고 눈으로 확인되는 과제 선택하기
  예: 통 속에 블록 넣기
  버튼을 누르면 장난감이 튀어나오는 인형 사용하기
  버튼을 누르면 빛이 번쩍이는 장난감 사용하기
  물속에 손 넣기
— 초기에는 아동 손을 잡고 과제 수행하기 → 보상 주기
— 점진적으로 도움의 양을 줄이고 아동 스스로 수행하게 하기 → 보상 주기
— 아동 스스로 독립적으로 과제 수행하기 → 보상 주기

**제1부 동영상 22**

동규 ❹ 8세/정신연령 1.5세
행동 형성의 예(블록 넣기)

## 2. 주의 집중 지도

### 1) 충동적인 아동의 경우

아동이 주의를 기울이지 않으면 불편을 겪게 되는 과제를 수행하게 한다.
사다리 모형을 바닥에 뉘어놓고, 아동이 사다리를 건너오면 보상을 준다.

사다리 칸을 내려다보지 않으면 넘어지므로 아동이 주의 집중을 할 수밖에 없게 만든다.

(1) 사다리 활용: 바닥에 놓인 사다리 건너기

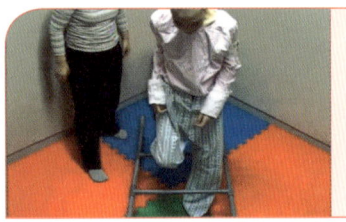

제1부 동영상 **23**

예찬 ❶ 18세/정신연령 2~3세
'사다리 건너기'로 주의 집중 지도 ①

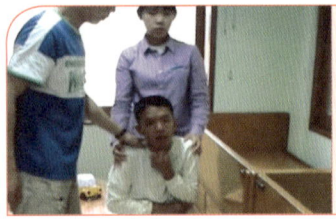

제1부 동영상 **24**

사랑 ❷ 25세/정신연령 2~4세
'사다리 건너기'로 주의 집중 지도 ②

— 바닥에서 30~50cm 높게(아동의 키에 맞추어 조정) 모형 사다리를 바닥에
  뉘어 놓기
— 사다리 칸을 5~8개 정도 만들기(아동의 수행 능력에 따라 조정)
— 출발점에 의자를 놓고, 아동을 의자에 앉힌 후 시작하기
— 모형 사다리 칸을 다 건너오면 보상 주기
— 중간에 잘 안 될 경우 도움을 주어 성공시킨 후 보상 주기

사다리 건너기에 개념이 아예 없는 아동의 경우, 칸이 한 개만 있는 사다리를 준비한다. 마찬가지로 이 사다리를 건너면 보상을 준다.

## 2) 주의 집중 지도 과정

〈if—then〉 학습 방법을 사용해서 지도한다.

제1부 동영상 25

예찬 ❹ 18세/정신연령 2~3세

집중력 향상 지도

예찬이의 동영상 게재를 허락해준 서울특별시립어린이병원에 감사드린다.

(예1: 단순한 주의 집중 훈련시키기)

단계별로 연속 10회 수행해서 8회 이상 성공하면 다음 단계로 넘어간다.

- 지름 20cm 되는 통 속에 블록 한 개 넣기
- 지름 20cm 되는 통 속에 블록 2~5개 넣기
- 지름 5cm의 구멍이 있는 통 속에 블록 한 개 넣기
- 지름 5cm의 구멍이 있는 통 속에 블록 2~5개 넣기

(예2: 주의 집중 + 지구력 키우기)

- 지름 20cm 되는 통 속에 블록 10개 넣기
- 지름 20cm 되는 통 속에 블록 20개 넣기

아동의 주의 집중을 흐트러뜨리지 않게 하기 위해 블록을 연속적으로 빨리 넣게 한다.

(예3: 선택적 주의 집중)

① 구멍이 네 개 있는 통 사용하기

② 치료사가 손가락으로 구멍 한 개를 가리키면서 "여기에 넣어"라고 지시하기
　(아동이 넣을 때까지 손가락으로 가리키는 자세를 유지한다.)

③ 다른 구멍을 가리키면서 같은 방법으로 지시하기

기능 수준이 4세 전후인 아동의 경우, 다양한 모양의 도형 구멍이 있는 상자를 사용해서 도형 모양별로 블록을 넣게 한다.

다양한 동물 소리가 나는 '동물소리상자' 장난감을 이용해서 "말 눌러 봐", "병아리 눌러 봐" 하는 식으로 지도할 수도 있다.

### 3) 눈맞춤 지도

(1) 물건 쳐다보기

① 아동과 마주 보고 의자에 앉기

② 아동이 좋아하는 과자나 장난감 등을 감추고 있다가 갑자기 아동 눈앞에 보여주기 → 아동이 쳐다보면 즉시 보상을 준다.

③ ②항이 성공하면 쳐다보는 시간을 늘리기 위해 보상을 천천히 준다.

④ ③항이 잘 되면, 음식을 상하, 좌우, 원 형태로 돌리면서 아동의 주의 집중을 향상시킨다.

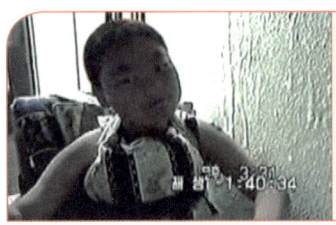

**제1부 동영상 26**

동규 ❸ 8세/정신연령 1.5세

눈맞춤 지도

(2) 눈맞춤

① 아동과 치료사가 마주보고 가까이 앉기

② 치료사의 눈 가까이 과자 등 먹거리를 갖다 대고 아동으로 하여금 쳐다보게 하기

③ ②항이 잘 되면 먹거리 없이 치료사의 눈을 아동의 눈 가까이 대고, 쳐다보기를 시작해서 점진적으로 아동과 치료사와의 거리를 멀어지게 한다.

## 3. 지시 따르기 지도

지시 따르기 지도는 기능 수준이 아주 낮은 아동보다는 할 수 있는 지적 능력은 있으나 지시에 전혀 따르지 않는 아동에게 적합하다.

### 1단계 지시 따르기

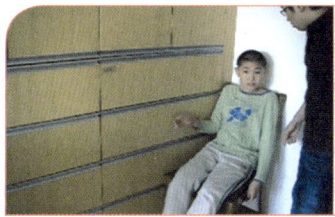

제1부 동영상 **27**

보혁 ❸ 12세/정신연령 3~4세
1단계 지시 따르기 지도

① 의자 두 개를 2m 정도 떨어진 거리에 마주 보고 놓기
② 아동을 한쪽 의자(의자 1)에 앉히기
③ 반대쪽 의자(의자 2)를 손으로 가리키면서 "의자에 가서 앉아"라고 말하기
④ 아동이 시도를 안 하면 아동 팔을 잡고 반대쪽 의자에 앉게 하기 → 보상
⑤ 다시 아동을 〈의자 1〉에 앉힌 후 ③항을 반복하기
⑥ 도움 없이 ③항이 잘 되면, 2단계 지시 따르기로 넘어가기

### 2단계 지시 따르기

제1부 동영상 **28**

보혁 ❹ 12세/정신연령 3~4세
2단계 지시 따르기 지도

① 의자 한 개와 책상 한 개를 2m 떨어진 거리에 마주 보고 놓기
② 책상 위에 장난감(공 혹은 아동이 좋아하는 것) 놓기

③ 아동을 의자에 앉히고, 치료사가 손으로 장난감을 가리키며 "~ 가져와"라고 말하기
④ 아동이 시도하지 않으면, 아동 손을 잡고 책상 위의 장난감을 가져오게 한 후, 의자에 앉게 하기 → 보상
⑤ 도움 없이 ④항이 잘 되면, 3단계 지시 따르기로 넘어가기

### 3단계 지시 따르기

제1부 동영상 29

종복 ❶ 27세/정신연령 2~3세 추정
**3단계 지시 따르기 지도**

① 의자 한 개와 책상 두 개가 필요하다.
② 의자와 책상을 2m 떨어진 거리에 놓고, 책상 두 개는 서로 1m 떨어진 거리에 나란히 놓는다.
③ 〈책상 1〉위에 둥그런 고리 한 개를 놓고, 〈책상 2〉위에는 고리 끼우는 '고리대'를 놓는다.
④ 아동을 의자에 앉히고, "고리 끼우고 와"라고 말하면서 〈책상 1〉을 손으로 가리킨다.
⑤ 아동이 시도하지 않으면, 아동의 손을 잡고 〈책상 1〉로 이끌어 고리를 쥐게 한 다음 〈책상 2〉로 가서 고리대에 끼우고 의자로 돌아와 앉게 한다.

중증 장애 아동의 주의 집중 지도에 적합한 다양한 학습 과제, 인지 학습에 필요한 기본적인 학습 준비 기술의 지도 과정은 〈부록1〉에 자세히 소개되어 있다.

# Ⅴ 상벌 적용 방법

## 1. 보상

보상이란 어떤 행동을 함으로써 받게 되는 좋은 결과를 말한다. 보상은 동기를 유발하는 데에 목적이 있다. 즉, 아동이 보상을 받기 위해 목표행동을 하도록 유도하는 것이다. 응용행동분석에서 보상은 자동차의 가솔린에 해당된다. 가솔린 없이 차가 달릴 수 없듯이 보상이 없으면, 중증 장애 아동의 경우 동기 유발이 안 돼 과제 수행이나 지시 따르기 학습이 불가능하다. 즉, 보상은 하기 싫은 일도 하도록 만드는 미끼의 역할을 하는 것이다.

그러나 모든 보상이 똑같이 아동의 동기를 유발하는 힘을 가지고 있는 것은 아니다. 보상으로 사용되는 물건의 희소성, 보상의 크기, 보상받는 빈도 등에 따라 동기를 유발하는 정도가 다르기 때문에 보상을 줄 때는 개인차를 세심하게 고려해야 한다.

일반적으로 중증 장애 아동들에게 사용되는 보상에는 아동이 좋아하는 먹거리, 장난감, 특별히 좋아하는 놀이활동(예컨대 노래 듣기, 바깥에 나가기, 트램펄린 타기, 그네 타기)등이 있고, 어떤 아동은 다정한 포옹을 선호하는 경우도 있다. 이 밖에 아동이 특별히 좋아하는 것은 무엇이든지 보상으로 사용될 수 있다.

## 1) 보상의 종류
- 먹거리(간식, 음료수)
- 물건(장난감)
- 활동(밖에 나가기, 놀이터 가기, 차 타기)
- 칭찬
- 눈맞춤, 관심
- 포옹
- 토큰

## 2) 보상 사용 시 주의점

### (1) 보상물의 다양화
- 중증 장애 아동은 한 과제를 수십 번의 반복 수행을 통해 배우기 때문에 보상을 줄 때 한 번에 작은 양의 보상을 준다(예: 1회에 새우깡 1/3조각, 새알 초콜릿 1/2조각, 우유 한 모금 등).
- 같은 종류의 보상을 반복해서 주면 싫증을 내기 때문에 네댓 종류의 보상을 준비해서 골고루 준다.
- 과제를 수행하면 즉시 주어야 하기 때문에 보상물을 미리 잘게 만들어 준비한다.

### (2) 보상물의 희소성
- 보상물의 힘은 희소성에 있기 때문에, 일단 보상으로 사용되는 것은 일상생활에서 철저히 통제되어야 한다.
- 즉, 응용행동분석 치료법을 사용할 때 이외에는 절대로 보상을 주어서는 안 된다. 예를 들어 포옹을 보상으로 정하면, 평소에 아동이 귀엽다고 안아주어서도 안 된다.
- 아동을 안아줄 경우나 식구들이 함께 간식을 나눠 먹을 때에도 먼저 아동에

게 간단한 지시나 과제를 수행시킨 후에 안아주거나 간식을 나눠준다.
- 왜냐하면 보상은 거저 얻을 수 없다는 것, 보상을 얻기 위해서는 시키는 것을 반드시 해야 한다는 것을 가르치기 위해서다.

(3) 보상 계획
- 치료 초기에는 과제를 수행할 때마다 보상을 즉시, 그리고 연속적으로 준다.
- 과제 수행이 어느 정도 이루어지면(지시를 잘 따르면) 보상을 두세 번에 한 번 꼴로 불규칙하게 준다.
- 과제 수행이 더 잘되면 먹거리에서 칭찬으로 바꾼다.
- 치료가 끝나가면 일상생활 환경에서 토큰이나 칭찬으로 바꾸는 것이 바람직하다.

## 3) 토큰 훈련

일반적으로 중증 장애 아동에게는 보상으로 과자, 음료수와 같은 먹거리가 사용된다. 이 같은 먹거리 보상은, 일상생활에서 아동을 지도할 때 치료사가 항상 음식을 준비해야 하는 불편이 따른다. 뿐만 아니라 아동이 먹거리 보상에 조건화되면, 먹거리 보상 없이는 과제 수행이나 지시 따르기가 더 이상 이루어지지 않게 된다.

이 같은 문제점을 해결하기 위해 음식 대신 사용하는 것이 토큰이다. 토큰 훈련은 중증 장애 아동에게 토큰의 개념을 가르치기 위해 실시한다. 즉, 토큰이 있으면 과자를 먹을 수도 있고, 좋아하는 장난감을 가지고 놀 수 있다는 것을 학습시키려는 것이다. 이를테면 아동에게 토큰을 미리 준 후, 토큰과 과자를 바꿔 먹는 연습을 반복함으로써 "과자를 먹고 싶을 때 토큰을 내면 된다", 또는 "토큰이 있으면 과자를 먹을 수 있다"는 것을 알게 하기 위한 것이다.

토큰 훈련 과정은 해당 동영상을 안내하는 〈그림 5-1〉에 제시되어 있다.

〈그림 5-1〉 중증 장애 아동을 위한 토큰 훈련 과정

| | | |
|---|---|---|
| 제1부 동영상 **30**<br>예찬 ❷ 토큰 훈련 단계 1 | 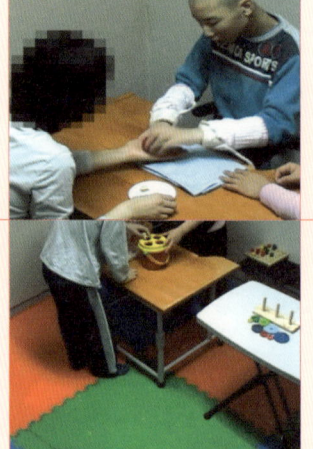 | 1. 토큰을 아동에게 미리 준다.<br>2. 책상 위에 보상물(예: 과자)을 놓는다.<br>3. 아동이 토큰과 과자를 바꿔 먹게 도와준다.<br>4. 〈1~3〉 과정을 아동 스스로 토큰을 내고 과자를 집을 때까지 연습시킨다. 아동은 토큰이 있으면 과자를 먹을 수 있다는 것을 알게 된다. |
| 제1부 동영상 **31**<br>예찬 ❸ 토큰 훈련 단계 2 | | 1. 보상으로 토큰 한 개를 준 후, 바로 토큰과 과자를 바꿔 먹게 한다.<br>2. 아동이 익숙해질 때까지 이 단계를 계속한다. |
| 제1부 동영상 **32**<br>채원 ❷ 토큰 훈련 단계 3 |  | 1. 과제를 수행하면서 토큰을 3~4개 모을 때까지 기다린다.<br>2. 그 자리에서 모은 토큰과 과자를 바꿔 먹게 한다. |
| 제1부 동영상 **33**<br>채원 ❸ 토큰 훈련 단계 4 |  | 1. 치료시간(10~15분) 동안 과제 수행을 시키면서 토큰을 준다.<br>2. 치료가 종료되면 토큰 교환 장소에 가서 토큰과 과자를 바꿔 먹게 한다. |

비고 1: 숫자 개념이 없는 중증 장애 아동이 한 번에 토큰 여러 개를 내밀 경우, 그대로 받고 과자를 내어준다. 이 때 "한 개만 줘" 하면서 토큰을 돌려주면, 치료의 흐름이 깨어지기 때문에 아동이 혼란스러워할 수 있다. 치료사가 아동의 토큰 주머니에서 미리 한 개를 꺼내어 아동에게 주고, 토큰과 과자를 바꿔 먹게 할 수도 있다.

비고 2: 일단 토큰을 보상으로 사용하게 되면 아동과 치료사가 각각 토큰 주머니를 몸에 차고 생활한다. 일상생활에서 토큰을 사용하게 되면 부모가 아동을 대하는 태도나 아동 자신의 생활 기능이 안정되는 데에 도움이 된다.

## 2. 벌의 긍정적 활용법

### 1) 벌 사용 원칙

(1) 맨 처음에 보상받을 만한 행동 목록 작성하기

(2) 보상받을 만한 행동이 없으면
- 3단계 지시 따르기 방법을 통해 〈if-then〉 관계 학습시키기
- 간단한 과제 두세 개 학습시키기
- 이 시기에는 문제행동은 무시하고, 과제 수행 동안에는 물리적 방법을 사용해서 문제행동 발생을 차단하기

(3) 아동에게 어떤 행동이 벌 받는지 분명히 인식시키기 위해 문제행동을 구체적으로 명시하는 '조작적 정의' 만들기(예를 들면 구토 행위의 조작적 정의는 음식물을 토하는 것, 음식물을 삼키지 않고 입안에서 우물거리는 것, 토하는 시늉하는 것 등이 전부 구토 행위가 될 수 있다고 보는 것이다. 이 가운데 한 가지 행동만 보여도 구토 행위로 간주하고 벌을 준다.)

(4) 응용행동분석에서 제시하는 벌주는 방법 정하기(예: 권리 박탈)

(5) 통제받는 문제행동이 일어나지 않도록 주변 환경 조성하기

(6) 한 번에 한 가지 문제행동만 통제하기(다른 문제행동은 무시)

(7) 과제 수행을 시킨 후 통제받는 문제행동 이외의 다른 행동, 즉 지시 따르기, 도움받아 과제 수행하기 등을 집중적으로, 그리고 자주 보상해 주기

(8) 벌줄 때의 원칙
- 벌의 강도는 아동이 싫어하거나 기분 나빠 할 정도로 높게 설정(벌이 받으나 마나라고 생각할 정도로 가벼우면 치료 효과가 떨어진다.)
- 문제행동 발생 시마다 통제
- 문제행동 발생 즉시 통제

## 2) 문제행동 치료의 장소와 시기

— 문제행동 치료는 일정한 장소에서만 실시(예: 가로세로 3m 크기의 작은 방이 적합)
— 한 번에 10~15분이 적당
— 하루에 4~8차례가 적당
— 과제 수행과 문제행동 통제는 치료하는 장소와 시간에만 적용
— 치료 시간 이외에는 문제행동을 무시하거나 안전장치를 해줌으로써 아동 자신이나 주위 사람이 다치지 않게 예방

## 3) 문제행동 치료의 일반화 과정

(1) 치료실에서 일상생활 환경으로 옮겨가기
— 치료 시간 동안 문제행동이 감소하고, 지시 따르기나 과제 수행이 잘 되면 과제의 난이도를 점진적으로 높여간다.
— 치료실에서 과제 수행과 지시 따르기가 안정적으로 이루어지고, 문제행동이 완치되면 치료실이 아닌 일상생활 공간으로 치료를 확대한다.

(2) 일상생활 환경에서 문제행동 지도하기
— 일정한 시간을 정하지 않고 수시로 아동에게 간단한 지시를 내린 후 보상을 준다.
— 문제행동을 하지 않고 가만히 있어도 보상을 주고
— 가족이나 다른 아동과 어울려도 보상을 준다.
— 그러나 문제행동이 나오면 즉시 통제하고
— 다시 일상적인 상황에서 아동에게 수시로 관심과 칭찬과 보상을 준다.
— 치료사 이외의 다른 가족도 아동에게 보상을 주고, 문제행동 통제 과정에 참여한다.
— 아동에게 다양한 경험을 할 수 있는 환경을 조성해 주고, 다른 사람과 어울릴 수 있는 기회를 많이 만들어준다.

### 4) 문제행동 치료 시 병행해야 하는 보상 방법

아동의 어떤 문제행동을 집중적으로 통제하면, 그 행동은 통제되지만 대신 다른 문제행동으로 대체되기 쉽고, 통제 수단이 제거되면 억눌렸던 문제행동은 다시 되돌아오게 된다. 이러한 부작용을 줄이기 위해 문제행동의 통제와 동시에 좋은 행동을 보상해주어야 한다. 문제행동을 지도할 때 사용되는 보상 방법은 다음과 같다.

(1) 차등 보상 Differential Reinforcement of Other Behaviors: DRO
 - 문제행동 이외의 다른 행동을 집중적으로 보상하기
 - 초기에는 5~10초마다 집중적으로 보상해 주고, 점차 그 간격을 30초, 60초 등으로 늘려간다.
 - 문제행동은 철저히 통제하기

차등 보상 시행은 아동이 〈if—then〉 관계를 학습하고, 지시 따르기나 간단한 과제 수행을 학습한 후에 가능하다. '소거' 방법을 적용할 때는 차등 보상을 병행해야 한다.

(2) 상반행동 보상 Differential Reinforcement of Incompatible Behavior: DRI
 - 해당 문제행동과 동시에 나올 수 없는 행동을 집중적으로 보상하기(예: 손가락을 빠는 아동에게 그 행동을 통제하는 대신 '통 속에 블록 넣기'를 집중적으로 시키면서 보상하기)
 - 문제행동을 직접 통제하지 않고서도 문제행동을 치료하는 방법이다.

### 5) 과제 수행능력 학습을 통한 문제행동 지도

과제 수행 능력을 집중적으로 지도하는 과정에서 문제행동이 통제받지 않고도 저절로 소멸하는 경우가 있다. 문제행동을 할 수가 없는 데다 과제 수행으로 보상과 칭찬을 받아 동기 유발이 되었기 때문에 아동의 문제행동이 줄어들거나 없어지게 된 것이다. 자연히 아동의 전반적인 생활 태도가 긍정적인 방향으로 바뀌면서 문제행동이 줄어들게 되는 경우이다.

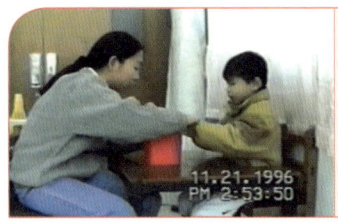

**제1부 동영상 34**

도마 ❶ 7세/정신연령 1.5세
문제행동 통제없이 문제행동이 소멸된 예

예를 들어 7세 된 도마의 경우를 보자. 도마는 중증 지적장애와 자폐 진단을 받았으며 정신연령은 2세 미만이며, 신변처리는 의존적이다. 도마는 물건던지기, 입에 손 넣기, 자해 행동의 세 가지 문제행동을 보였다. 1주에 3시간씩 4주 동안 3단계 지시 따르기 훈련을 통해 블록 넣기와 같은 단순한 과제 수행을 지도받으면서 세 가지 문제행동은 저절로 소멸되었다.

# Ⅵ 응용행동분석 실시 과정

응용행동분석에서는 항상 아동의 현재 능력 수준에서 치료를 시작하는 것이 원칙이다. 아동이 힘들어하지 않고 주어진 과제를 성공적으로 수행할 수 있어야, 그래서 보상을 받을 수 있어야 지속적인 치료가 가능하기 때문이다. 당연히 치료를 시작하기 전에 아동의 문제행동이 어떤 상황에서 얼마나 자주 일어나는지, 곧 아동의 현재 수준에 대한 정보가 필수적이다.

동시에 목표행동을 단계적으로, 그리고 구체적으로 설정하고, 어느 단계에서 어떤 행동이 몇 차례 나오는지, 그 상황과 발생 빈도를 기록하는 것 또한 필수적이다. 목표행동이 모호하게 설정되면 그것에 대한 치료사의 평가도 달라질 것이므로 그런 불확실한 평가에 근거한 치료 목표나 문제행동 교정은 실패하기 십상이다.

그러므로 목표행동의 설정은 새로운 행동 학습과 문제행동 치료의 성패를 가름하는 매우 중요한 것이다.

목표행동을 제대로 설정하기 위해서는 다음과 같은 요건을 갖추어야 한다.

## 1. 목표행동 설정을 위한 준비 과정

— 목표행동 교정에 들어가기에 앞서 아동에게 〈if–then 관계〉를 먼저 학습시킨다. 이때는 시작과 끝, 원인과 결과가 분명한 구체적인 과제를 선정한다. 지시 따르기도 여기에 포함된다.
— 아동의 〈if–then 관계〉 학습이나 지시 따르기가 잘 이루어지면 목표행동을 설정하고 치료에 들어간다.

## 2. 목표행동 설정요건

### 1) 긍정적인 용어

목표행동은 긍정적인 문장으로 표현되어야 하며, 교육적으로도 합당해야 한다. 예를 들어, 교실에서 한 시간에 20회 이상 자리를 이탈하는 아동의 목표행동을 "한 시간에 10회 자리 이탈하기"라거나 "10분 동안 자리 이탈하지 않기"라고 설정하는 것은 잘못된 것이다.

왜냐하면 10회 자리를 이탈하는 것이 20회보다는 낫지만, 수업 시간에 자리를 이탈하는 것은 단 한 번이라도 옳지 않은 행동이므로 그런 행동을 장려하거나 보상을 주는 것은 비교육적이다. 아동의 입장에서도 자리 이탈을 했는데 보상을 받으면 어떤 행동을 할 때 보상을 받고, 어떤 행동을 할 때 통제를 받는지 혼란스럽기 때문이다.

또한 "~을 하지 않는다"라는 부정적인 표현은 긍정적인 행동을 회피하거나 소극적인 행동을 권장하는 것이어서 바람직한 교육 방향이라고 할 수 없다. 자리 이탈의 경우 현재 아동이 할 수 있는 행동을 기준으로 치료 목표를 정해야 한다. '한 시간 동안 자리 지키기'보다는 처음에는 '3분 동안 자리에 앉아서 과제 수행하기'로 설정하는 것이 더 바람직하다. 60분 동안에 20회 자리를 이탈하는 아동은 현재 평균 3분 동안은 자리에 앉아 있는 것이므로 이 정도는 아동이 쉽게 해낼 수 있기 때문이다. 이렇게 시작해야 그 시간을 차츰 4분, 5분, 10분으로 늘려가는 지속적인 치료를 할 수 있게 된다. 나중에는 30분, 한 시간 동안 자리에 앉아있어야 보상을 받을 수 있도록 보상 기준도 점진적으로 높여간다.

**올바른 예문:** 5분 동안 자리에 앉아 과제를 수행한다.
**틀린 예문:** 5분 동안 자리를 이탈하지 않는다.

## 2) 관찰 가능한 구체적인 용어

아동의 어떤 행동을 객관적으로 정확하게 평가하기 위해서는 우선 그 행동을 눈으로 볼 수 있어야 한다. 즉, 관찰이 가능한 구체적인 행동을 목표행동으로 설정해야 한다. 예를 들면, '배운다' 라는 말은 구체적으로 확인할 수 있는 것이 아니다. 왜냐하면 암기하는 것, 읽는 것, 쓰는 것, 손가락으로 가리키는 것, 머릿속으로 이해하는 것, 같은 것끼리 짝짓는 것 등이 모두 '배운다.' 라는 개념에 속하기 때문이다.

이렇게 여러 가지 뜻으로 해석될 수 있는 용어로 목표행동을 설정하면 같은 행동이라도 치료사나 관찰자에 따라 '배웠다' 라고 기록할 수도 있고, '배우지 못했다' 로 기록할 수도 있다. 이같은 불분명한 표현으로는 목표행동이 제대로 성취되었는지 빗나갔는지, 정확한 자료를 제공해주지 못한다. 따라서 '배운다' 보다는 '같은 것끼리 짝짓는다' 또는 '지시에 해당하는 그림카드를 가져온다' 와 같은 구체적인 표현으로 목표행동을 설정해야 한다.

이렇게 구체적으로 명시된 치료 목표는 정확하게 어떤 행동을 가르쳐야 하는지, 어떤 행동을 통제해야 하는지, 그리고 어떤 행동을 할 때 보상을 주어야 하는지 분명하게 제시해준다. 치료사의 입장에서는 치료 과정의 혼동을 줄일 수 있고, 치료받는 아동으로서는 어떤 행동을 할 때 보상을 받는지, 혹은 통제를 받는지 쉽게 알 수 있게 된다.

치료 목표를 구체적으로 기술하기 위해서는 아동의 문제행동이나 목표행동의 '조작적 정의'가 필요하다. 조작적 정의는 아동의 행동을 면밀하게 관찰한 후 작성돼야 한다. 가령 재훈이의 치료 목표인 자해 행동에 대한 '조작적 정의'의 예문을 소개하면 다음과 같다.

**올바른 예문**
— 손바닥으로 귀 때리기
— 손으로 얼굴, 머리, 몸 때리기
— 머리를 벽이나 바닥에 부딪기
— 손이나 발로 바닥이나 벽 치기

**틀린 예문**: 자신의 몸 때리기

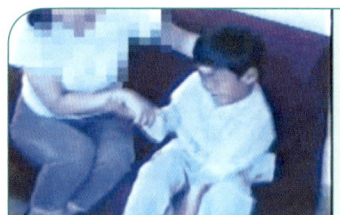

**제1부 동영상 35**

재훈 ❸ 8세/정신연령 2세
자해 행동의 예

## 3) 보상 기준의 구체적 명시

아동이 목표행동을 수행할 때 자신에게 어떤 행동이 요구되는지 분명하게 알게 해야 한다. 즉, 치료사는 어떤 행동에 보상을 주고 어떤 행동을 통제하는지 치료받는 아동이 알 수 있도록 보상 기준을 분명하게 제시해야 한다.

**올바른 예문**
— 30초 안에 스스로 양말을 신는다.
— 10초 안에 블록 세 개를 도움 없이 통 속에 넣는다.
— 식탁에 앉으라고 지시하면, 따르릉 소리가 끝나기 전에 식탁에 앉는다.

틀린 예문
— 혼자 양말을 신는다.
— 블록을 통 속에 넣는다.
— 식탁에 앉으라고 지시하면 식탁에 앉는다.

## 4) 과제 수행 조건의 명시

치료 아동에게 과제 수행조건을 구체적으로 명확하게 제시해줌으로써 무엇을 어떻게 해야 하는지를 분명하게 알려주어야 한다. 즉, 과제 수행의 성공 여부가 정확하게 가려지도록, 그리고 아동 스스로 치료사의 요구를 제대로 수행했는지 잘못했는지 쉽게 알 수 있도록 구체적인 조건이 제시되어야 한다.

올바른 예문
— 의자에 앉은 상태에서 '고리 끼워' 지시를 내리면 고리 세 개를 1m 떨어진 고리대에 끼운 후 돌아와서 의자에 앉는다.
— 발판 위에 서서 공을 골대에 넣는다.

틀린 예문
— 고리를 고리대에 끼운다.
— 공을 골대에 넣는다.

## 3. 목표행동의 구성

치료 목표는 장기 목표와 단기 목표로 구성한다.

### 1) 장기 목표
치료를 통해 도달하고자 하는 최종 목표를 말한다. 주의 집중력 향상이 목표인 경우, 예문은 "치료사의 지시에 따라 구멍(지름 2cm)이 열 개 있는 보드의 구멍에 블록을 넣는다." 같이 된다.

### 2) 단기 목표
중증 장애 아동은 일반 아동처럼 과제를 한꺼번에 배울 수 없기 때문에 한 과제를 여러 단계로 쪼개어 한 단계씩 가르치게 된다. 이 경우 하나의 단계가 단기 목표에 해당한다. 따라서 장기 목표는 여러 개의 단기 목표로 구성되며, 단기 목표의 맨 마지막 단계는 장기 목표가 된다.

#### 예문
단기 목표 1: 지름 10cm 통에 블록을 넣는다.
단기 목표 2: 지름 5cm 통에 블록을 넣는다.
단기 목표 3: 지름 2cm 통에 블록을 넣는다.
단기 목표 4: 지름 2cm 크기의 구멍이 세 개 있는 통을 사용해서 치료사가 지시하는 구멍에 블록을 넣는다.
단기 목표 5: 지름 2cm 크기의 구멍이 다섯 개 있는 통을 사용해서 치료사가 지시하는 구멍에 블록을 넣는다.
단기 목표 6: 지름 2cm 크기의 구멍이 열 개 있는 통을 사용해서 치료사가 지시하는 구멍에 블록을 넣는다.

# Ⅶ 장애 아동 문제행동 지도

일반 아동 중에 어른 말에 반항하거나 거짓말, 도벽, 물건 파손, 공격, 방화 등의 문제행동을 하는 아동이 있듯이, 장애 아동 중에도 지적장애나 자폐 등의 장애 이외에 하나 또는 여러 문제행동을 복합적으로 일으키는 아동들이 있다. 이들의 문제행동에는 자신의 몸을 해치는 자해 행동, 공격 행동, 하루 종일 몸을 흔드는 자기자극 행위, 이물질을 먹는 행위, 구토 행위 등이 있다. 이러한 문제행동은 특히 중증 지적장애나 자폐 아동에게서 많이 나타난다.

중증 장애 아동은 자신의 의사를 전달할 수 있을 정도의 언어 구사력이나 상대방을 이해할 수 있는 능력이 모자라거나 아예 없어 일반 아이들과 다른 특수한 지도 방법이 필요하다. 이런 장애 아동의 지도에 효과적인 것이 바로 응용행동분석 방법이다. 응용행동분석은 아동의 능력 수준이 높건 낮건 간에 아동의 능력에 맞추어 학습 환경을 조성하는 데서 출발한다. 이미 응용행동분석 방법은 장애 아동 교육 및 행동 교정에 없어서는 안 될 치료 방법으로 널리 자리 잡고 있다.

이 장에서는 응용행동분석 방법에 근거하여 장애 아동에게 새로운 것을 학습시키고 잘못된 행동을 교정하는 구체적인 방법을 살펴보고자 한다.

위의 글은 정보인 저 《행동수정 이론에 의한 일반/장애 어린이 문제행동 지도》(중앙적성, 2005) 제7장 '장애 어린이 문제행동 지도'에서 발췌한 것이다.

〈표 7-1〉응용행동분석 시행 원칙

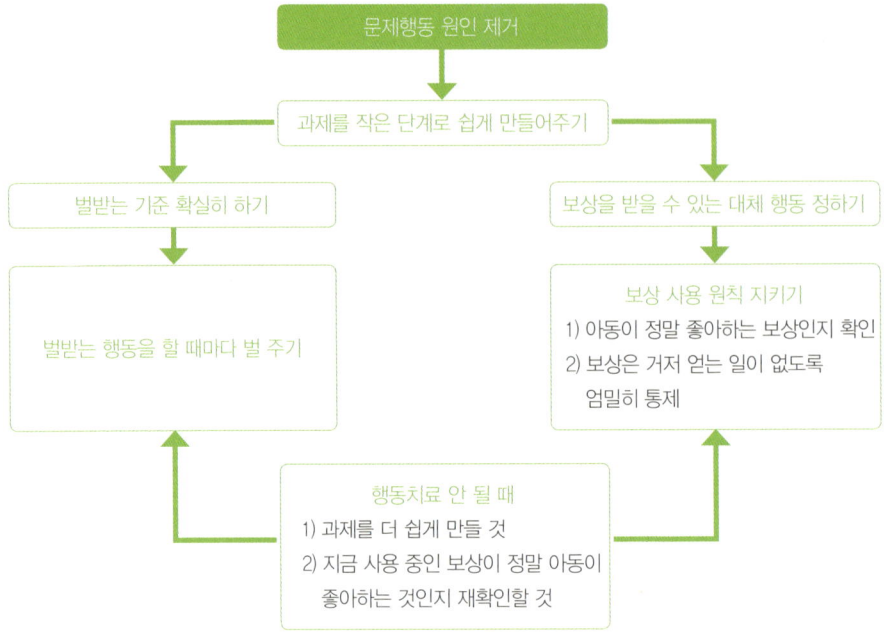

## 1. 중증 장애 아동에 대한 이해

일반적으로 나이의 많고 적음에 상관없이 정신연령이 4~5세 미만에 머물러 있는 사람을 중증 장애인이라고 진단한다. 즉, 나이가 20세라도 생각하고 행동하는 것이 4~5세 아동의 수준이면 중증 장애인이다. 일반 아동의 출생에서부터 6세까지 연령별 언어성, 동작성, 사회성, 적응성 등 여러 영역의 발달 단계를 정리해 놓은 〈발달이정표〉라는 지표가 있다. 장애 아동의 발달이 발달 이정표 상의 어느 수준에 해당되는지 파악하여 그것을 근거로 정신연령을 산정한다. 정신연령은 장애 아동의 능력 수준을 알고, 그들의 행동을 이해하는 데 큰 도움을 준다.

〈발달이정표〉는 〈부록 Ⅱ〉에 제시되어 있다.

중증 장애 아동의 행동을 이해하고 그들을 지도하기 위해서는 다음 사항을 고려해야 한다.

(1) 정신연령 4~5세 미만의 중증 장애 아동은 사물을 자기중심적으로, 실물 위주로 이해하기 때문에 타인의 입장이나 규율, 체면을 이해하는 데는 한계가 있다. 예를 들면 실제 연령은 10세이지만 정신연령이 3세 정도인 아동이 교회에서 예배 중에 배고프다고 운다고 하자. 사람들이 보니까 창피하다면서 조금만 참으라고 해도 아동은 그 상황을 이해하지 못할 뿐 아니라, 지금 당장 배가 고프기 때문에 계속 울어댈 것이다. 이럴 때는 아동을 추상적인 용어로 설득하기보다는 얼른 교회 밖으로 데리고 나오는 것이 아동을 달래고 부모를 덜 곤란하게 하는 방법일 것이다.

(2) 장애 아동들은 신체적으로 일반 아동과 똑같이 성장하기 때문에 신체적 성장에 따른 인간의 욕구도 똑같이 가지고 있다. 이 욕구를 충족시키려는 욕망도 일반 아동과 조금도 다를 바 없다. 따라서 생리적인 욕구인 식욕, 갈증, 수면, 성욕에서부터 안정, 소유, 사랑, 자존심 같은 정서적 욕구에 이르기까지 이들의 다양한 욕구가 충족될 수 있도록 도와주어야 한다. 예를 들면, 실제 연령은 20세이지만 정신연령이 2세인 남자가 자기의 성욕 충족을 위해 자위 행위를 하는 것은 조금도 놀랄 일이 아니다. 이때 자위 행동을 못 하도록 억제하기보다는 적절하게 자위할 방법을 가르쳐 주는 것이 더 바람직하다.

(3) 장애 아동들이 실제 연령에 비해 정신연령은 낮지만, 이들의 사회적 적응을 지도할 때는 같은 연령대의 사람들이 원하고 행동하는 내용을 고려해야 한다. 예를 들면 실제 연령은 20세이지만 정신연령이 2세인 여자에게 소꿉장난이나 동요를 가르치는 것보다 이성과의 만남을 주선하고 대중가요를 가르치는 것이 바람직하다.

(4) 중증 장애 아동 중에는 우리 눈에는 아무것도 할 줄 아는 것이 없어보이는 아동들이 있다. 이런 아동일수록 문제행동만 눈에 띄기 마련이다. 이들의 문제행동을 통제하기 위해서는 먼저 이 아동이 할 수 있는 좋은 행동을 찾

아내어 그 행동을 집중적으로 보상해주어야 한다. 좋은 행동을 가르치는 데 효과적인 방법이 3단계 지시 따르기 훈련법이다.
(5) 토큰을 보상으로 활용하는 '토큰 경제' 방법은 중중 장애 아동에게 적용하는 데는 한계가 있다. 첫째 정신연령이 2~3세 미만인 아동들은 숫자 개념이 없어 토큰 개수를 세거나 모아서 사용하는 것이 불가능하다. 둘째 이런 아동은 토큰의 가치를 설명해 주어도 이해하지 못하기 때문에 토큰이 유용하다는 것을 알지 못한다. 따라서 중중 장애 아동에게는 토큰을 치료에 사용하기 전에 토큰의 가치를 알게 하는 토큰 훈련 과정이 있어야 한다. 실시 방법은 '토큰 훈련' (동영상 30~33, p.57~58)에 자세히 설명되어 있다.

## 2. 문제행동 지도

### 1) 대소변 훈련

정신연령이 2~3세 미만인 장애 아동이라도 시간에 맞춰 변기에 앉히면 대소변 훈련이 가능하다. 대소변 훈련 과정은 다음과 같다.

(1) 소변 훈련 과정

① 기저귀는 채우지 않고, 옷은 벗기 쉬운 것으로 입힌다. 기저귀를 채우면 오줌을 기저귀에 싸도 된다는 뜻으로 받아들이게 되므로 소변 훈련의 목적에 맞지 않다. 두꺼운 하의를 여러 벌 준비하여 사고에 대비한다.

② 소변 훈련 시작 한 시간 전에 아동이 마실 수 있을 만큼 물을 많이 마시게 한다.

③ 화장실에서 비교적 가까운 곳에 훈련에 필요한 물건을 모두 준비해 놓는다. 준비물은 책상, 의자, 쟁반, 물 또는 주스, 컵 그리고 보상으로 사용할 물건이나 먹거리, 두꺼운 하의 여러 벌, 걸레, 대소변 훈련 기록지 등이다.

④ 30분에 한 번씩 물 2/3~1컵을 마시게 하고, 30분에 한 번씩 변기에 앉힌다. 예를 들면, 아침 9시에 물 한 컵을 마시게 하고, 9시 30분에 또 한 컵을 마시게 하고 변기에 앉히는 식이다.

⑤ 변기에 5~10분 동안 앉힌다. 이때 소변을 보는 데 성공하면 호들갑스러울 정도로 크게 칭찬하고 보상을 준다. 소변이 변기에 떨어지면 음악이 흘러나오게 하는 장치를 설치하기도 한다. 음악이 나올 때마다 크게 보상을 줌으로써 아동 스스로 무엇 때문에 보상을 받는지 쉽게 알게 하기 위한 것이다. 소변 훈련용 변기는 〈그림 7-1〉(p.74)에 나와 있다.

⑥ 9시부터 5분마다 바지에 오줌을 쌌는지 점검하고, 오줌을 싸지 않았으면 칭찬을 하고 간단한 보상을 준다. 부모가 먼저 아동의 하의를 만져보고, 말라 있으면 칭찬하면서 아동의 손을 끌어 하의를 만져보도록 유도한다. 하의에 오줌을 싸면 음악이나 삐익삐익 소리가 나는 장치를 하기도 한다. 소리를 신호로 부모가 아동을 얼른 변기에 데리고 가거나 아동 스스로 변기에 가도록 유도하기 위한 것이다. 이 장치는 습기를 탐지하면 음악이나 삐익 소리가 나는 전자 탐색기를 하의에 부착하는 것으로, 전자 부품상에서 어렵지 않게 구할 수 있다.

⑦ 바지에 오줌을 쌌을 경우에는 과잉정정법을 사용하여 아동으로 하여금 바닥에 흘린 오줌을 닦게 하고, 바지를 갈아입게 하고, 젖은 옷을 빨래 통에 넣게 한다. 아동이 혼자 하지 않거나 못할 때는 아동의 손을 잡고 강제로 시킨다.

⑧ 훈련이 한참 진행된 상태에서 아동이 물 마시기를 거부할 경우에는 아동이 마실 수 있을 만큼만 마시게 한다. 이때는 방광에 이미 물이 차 있기 때문에 처음처럼 많이 마시지 않아도 된다.

⑨ 보상으로 사용되는 간식은 너무 많이 주어서 쉽게 싫증나는 일이 없도록 주의한다. 한 가지 종류만 사용하지 말고 여러 종류를 준비해 놓고 번갈아 사용한다.

⑩ 하루의 훈련 과정이 끝나면 다시 기저귀를 채운다. 소변 훈련 기록지는
〈표 7-2〉(p.76, 77)에 제시되어 있다.

이 같은 훈련 과정을 하루에 6~7시간씩 1주일간 실시한 후, 시간에 맞추어 변기에 앉히면 소변을 볼 정도는 된다. 즉, 장애 아동이 변기에 앉으면 소변을 본다는 것을 알게 된다.

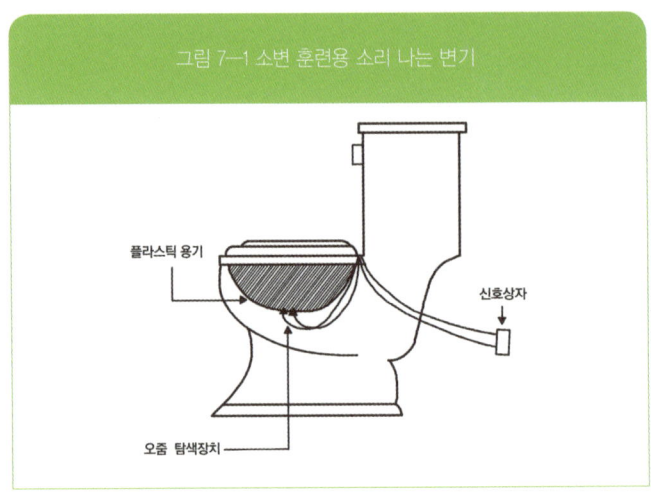

그림 7-1 소변 훈련용 소리 나는 변기

(2) 대변 훈련 과정

① 평소 아동이 대변 보는 시간을 1주일간 기록해서 하루의 어느 때 대변을 보는지 관찰한다.
② 음식은 야채나 과일 같은 섬유질 음식을 많이 먹이고, 음식 조절이 잘 안 될 경우에는 전문의와 상의하여 변비 치료제를 복용시킨다.
③ ①의 조사에서 저녁때 배변하는 경향이 있는 것으로 나타나면 저녁 식사 후 30분 지났을 때 변기에 10~15분 앉힌다. 변기에 앉는 행위에 대해 칭찬하면서 보상을 주고, 변기에 변을 보았을 때는 호들갑스러울 만큼 과장되게 칭찬하면서 다시 보상을 준다.
④ ③의 과정을 1~2주일 정도 거치면 변기에 앉으면 변을 보아야 하는 것을 알게 된다.

변기에 앉아서도 변을 못 보는 아동에게는 소량의 관장약을 복용시켜 변을 보게 하기도 한다. 변기에서는 변을 본다는 것을 가르치기 위해서다. 하지만 전문의와 상의해서 식사 조절을 통해 배변 훈련을 하는 것이 더 바람직하다.

〈그림 7-2〉 중증 장애 아동 소변 훈련과정

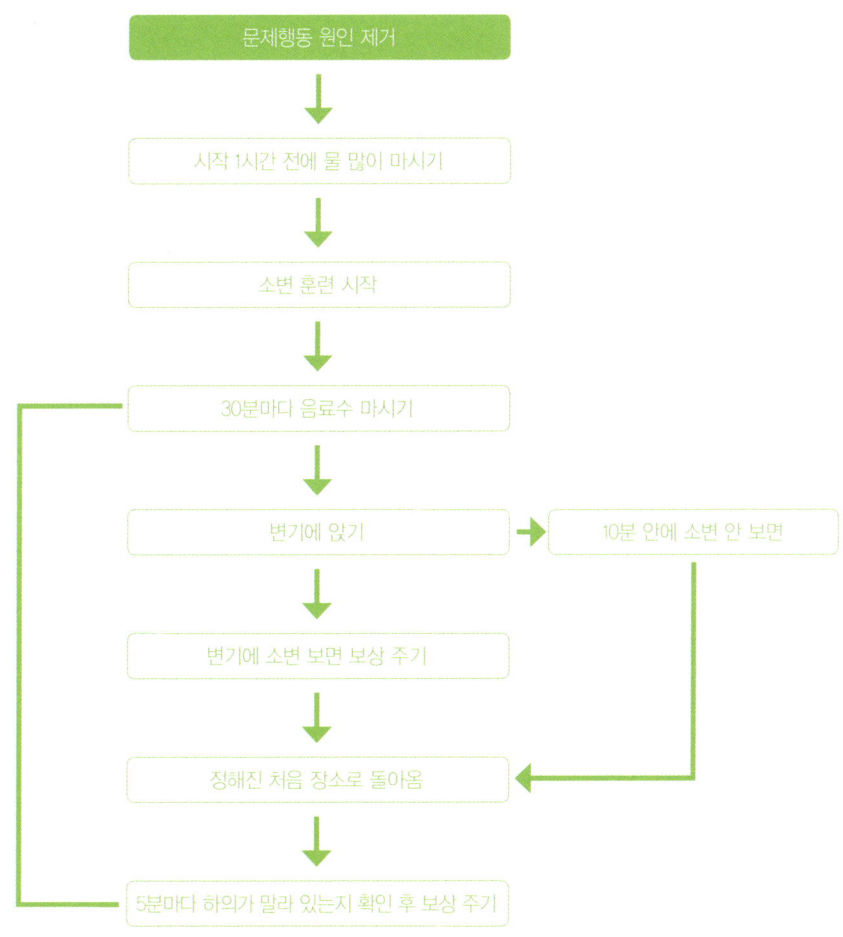

### 〈표 7-2〉 소변 훈련 기록지

이름            날짜

| 시간 | 음료수 (양) | 변기에 소변 | 하의에 오줌 | 하의 마름 | 보상 |
|---|---|---|---|---|---|
| 오전 06:30 | | | | | |
| 07:00 | | | | | |
| 07:30 | | | | | |
| 08:00 | | | | | |
| 08:30 | | | | | |
| 09:00 | | | | | |
| 09:30 | | | | | |
| 10:00 | | | | | |
| 10:30 | | | | | |
| 11:00 | | | | | |
| 11:30 | | | | | |
| 12:00 | | | | | |
| 오후 12:30 | | | | | |
| 01:00 | | | | | |
| 01:30 | | | | | |
| 02:00 | | | | | |
| 02:30 | | | | | |
| 03:00 | | | | | |
| 03:30 | | | | | |
| 04:00 | | | | | |
| 04:30 | | | | | |
| 05:00 | | | | | |
| 05:30 | | | | | |

하의가 말라 있는지 여부의 점검은 5분에 한 번씩, 또는 수시로 한다.
보상은 하의가 말랐을 때, 그리고 변기에 소변을 보았을 때 준다.

〈표 7-2〉 소변 훈련 기록지

| | | | | | | | 이름 | |
|---|---|---|---|---|---|---|---|---|
| 날짜 | 변기에 대변 성공 | 옷에 오줌을 쌈 | 옷에 대변을 쌈 | 옷에 대변 싼 이유 | 관장실시 유무 | 관장 후 배변 유무 | 기타 | |
| | | | | | | | | |

## 2) 수저로 밥 먹기

자기 혼자서는 수저를 못 쓰는 아동에게는 밥과 반찬을 따로 놓지 말고 비빔밥이나 볶음밥 종류로 쉽게 먹을 수 있도록 한다. 또 밥그릇이 움직이지 않도록 밥그릇 밑에 고무판을 깔면 도움이 된다. 수저 사용 지도는 수저질을 여러 단계로 나누는 연쇄법과 보조법, 그리고 도움의 양을 점진적으로 줄이는 용암법을 사용하여 다음과 같이 지도한다.

① 식탁 위에 볶음밥을 놓아두고 아동을 앉게 한 후 아동 뒤에 치료사가 앉는다.
② 아동에게 숟가락을 쥐게 한 다음, 치료사가 아동의 손을 잡고 밥을 푼다.
③ ②의 상태에서 입에 가져간다.
④ ②를 연속으로 5회 정도 반복한 후 ②의 상태에서 입까지 가져가지 말고, 입 10cm 앞에서 손을 놓는다.
⑤ ④가 5회 정도 잘되면 다음엔 입 20cm 앞에서 손을 놓는다.
⑥ ④와 ⑤를 거치면서 치료사의 도움을 점점 줄이고, 숟가락으로 밥 푸는 것만 도와준다.
⑦ ⑥이 잘되면 아동의 손을 잡지 말고 팔목을 잡아서 밥을 푸도록 유도한다.
⑨ ⑧이 잘되면 밥 먹으라고 말로 지시만 내린다.
①~⑨를 시행하는 동안에 아동에게 칭찬을 해 주고 보상도 주어야 한다.

## 3) 주의 집중과 눈맞추기 훈련

자폐나 자폐 경향을 가진 아동들의 특징은 주위 사람이나 사물에 관심을 보이지 않고 쳐다보지도 않는 것이다. 따라서 사람을 보아도 눈맞춤이 안 된다. 주의 집중은 학습에서 가장 기본적이고 필수적인 요소인데, 이것이 안 되는 아동은 아무것도 배울 수 없다. 주의 집중 훈련 방법은 다음과 같다.
① 아동이 좋아하는 먹거리나 물건의 목록을 만든다.

② 아동이 좋아하는 먹거리를 손에 들고 있다가 아동 이름을 부르면서 아동의 눈높이 가까이에서 얼른 보여준다. 이때 아동이 쳐다보면 바로 그 음식을 입에 넣어준다.

③ ②가 4~5회 성공하면 다음엔 그 음식을 잠시(2~3초 정도) 들고 있다가 입에 넣어준다.

④ ③이 성공하면 음식을 상하좌우로, 또는 원을 그리면서 움직이고, 아동이 그것을 계속 쳐다보면 입에 넣어준다.

⑤ 다음에는, 음식이나 물건을 치료사의 눈 가까이 대고 아동 이름을 부른다. 이때 아동이 쳐다보면 보상을 준다.

⑥ ⑤가 어느 정도 잘되면 아동과 가까이 마주 앉은 상태에서(아동이 주의 집중을 하도록 벽을 향해 앉힘) 아동의 이름을 부른다.

아동의 눈맞춤이나 주의 집중은 짧은 순간에 이루어지기 때문에 항상 보상을 미리 준비해둬야 한다. 보상은 눈맞춤이나 주의 집중이 일어나자마자 재빨리 주어야 한다. 그래야만 아동이 자기가 쳐다보기 때문에 보상을 받는다는 것을 알게 된다.(동영상26 '눈맞춤 지도' 참조, p.52)

### 4) 물건 집어던지는 행위

장애 아동 가운데 물건을 닥치는 대로 집어던지고 주위의 기물을 발로 걸어차거나 넘어뜨리는 등 파괴적인 행동을 하는 아동이 있다. 재미로 그럴 수도 있고, 주위의 관심을 끌기 위해서, 또는 화가 났을 때 화풀이로 하기도 한다. 이런 문제행동은 주위에서 조금만 관심을 주면 조절될 수 있다.

① 방을 정해놓고 집어던질 수 있는 물건이나 기물을 몇 개만 남기고 모두 치운다.

② 이 방에서 차등 보상법을 적용해서 좋은 행동을 집중적으로 보상한다. 예를 들어, 아동이 좋아하는 게임을 하거나 간단한 지시를 따르는 등 집어던지는 행동 이외의 모든 좋은 행동에 대해서는 보상을 준다.

③ ②의 상황에서 집어던지는 행위가 나오면 즉각적으로 고립 또는 동작억압 고립을 시킨다. 고립이 10~15초가량 지속된 다음에 원상회복법을 사용하여 던진 물건을 제자리에 갖다 놓게 한다.
④ 이러한 치료는 처음엔 ①의 방에서만 실시하고 다른 곳에서는 그대로 내버려둔다. ①과 ②를 통해 집어던지는 행위가 조절되면 물건이나 기물을 서너 개 더 갖다 놓아 난이도를 높인다.
⑤ ④에서 집어던지는 행동이 잘 조절되면 이러한 치료를 다른 장소로 옮겨 확대 실시한다. 이때 집어던지는 행위가 너무 많이 일어나 일일이 통제하기 어려울 때는 다시 ①이나 ④상태로 되돌아간다.

### 5) 옷이나 종이를 찢는 행위

중증 지적장애나 자폐 아동들 중에는 옷이나 종이를 마구 찢는 아동이 있다. 찢는 행위는 포만 방법을 통해 치료된 예가 많이 보고되고 있다.
치료 방법은 다음과 같다.
상자에 종이나 헝겊을 가득 넣은 후 이것을 일정한 장소에 놓는다. 찢어지기 쉬운 것은 맨 위에, 찢기 어려운 것은 상자 바닥에 둔다.
① 아동이 이 장소에서는 상자 안에 든 종이나 헝겊을 마음대로 찢도록 내버려둔다. 그 대신 다른 장소에서 찢을 때는 벌을 준다. 이때의 벌은 '고립'을 사용한다. 고립의 사용법에 관해서는 '고립' (동영상 11 '고립 방법의 예' 참조, p.36)에 그리고 벌주는 법은 '벌 사용원칙' (p.59) 에 자세히 나와 있다.
② 위와 같은 방법으로 1주일 정도 치료하면 찢는 행위가 더 이상 일어나지 않는 것으로 보고되었다. 물론 이때에도 차등 보상법을 통해 좋은 행동은 집중적으로 보상해준다.

### 6) 무는 행위

무는 행위는 다른 문제행동에 비해 자주 일어나는 행위는 아니지만 한 번이라도 일어나면 심각한 결과로 이어지기 쉽다. 역설적이지만, 가끔 일어나는 문제행동은 치료하기가 어렵다. 왜냐하면 가끔 일어나는 행동이어서 반복 훈련을 통해 가르칠 기회가 적기 때문이다.

정신연령이 2~3세 미만인 중증 장애 아동에게 그렇게 하면 안 된다는 것을 가르치기는 더 어렵다. 무는 행위와 같이 가끔 일어나는 문제행동은 그런 행동이 일어나게끔 환경을 조성한 뒤 그 행동이 일어나면 벌하는 방법으로 치료한다.

① 일정한 장소를 정해 처음에는 그곳에서만 무는 행위를 치료한다.
② ①에서는 안전을 위해 치료사는 소매가 긴 상의와 긴 바지. 그리고 필요하면 장갑을 끼고 치료에 임한다.
③ 아동의 무는 행동이 일어나도록 유도하기 위해 아동을 화나게 하거나 약 오르게 한다. 이 때 아동이 물거나, 물려고 시도하면 즉각 벌을 준다.
④ 벌은 동작억압 고립을 사용한다.('고립' 및 동영상 11 참조, p.36)
⑤ ③과 ④를 통해 아동이 "물면 벌을 받는다."라는 것을 알았다고 생각될 때 차등 보상법을 사용한다. 여기에서는 아동이 좋은 행동을 하도록 유도하여 집중적으로 보상을 주고, 무는 행위가 일어나면 벌을 준다.
⑥ ①에서 ⑤까지 잘 진행되면 치료 장소를 다른 곳으로 옮겨 확대 실시한다.

### 7) 손가락 빨기, 머리카락 뜯기와 같은 나쁜 버릇 고치기

손가락 빨기나 머리카락 뜯기와 같은 습관은 이런 행동 자체를 고치려고 하기보다는 다른 좋은 행동을 집중적으로 가르침으로써 나쁜 버릇이 없어지도록 유도하는 것이 바람직하다.

① 손가락 빠는 것과 동시에 할 수 없는 행동을 가르치고 이것을 집중적으로 보상한다. 예를 들면, 구멍에 줄 끼우기는 손가락을 입에 넣고서는 할 수 없기 때문에 구멍을 줄 끼우는 행동을 집중적으로 보상해 줌으로써 손가락 빠는 행동을 막을 수 있다.
② 손가락 빨기나 머리카락 뜯기 같은 행위가 너무 잦아 도저히 다른 행동을 할

수 없을 때는 팔을 구부릴 수 없도록 팔꿈치 부위에 팔걸이를 끼워 ①의 행동을 가르친다. 과제 수행이 어느 정도 이루어지면 팔걸이를 뺀다.

③ ①과 ② 이외의 조건부 운동을 사용하는 방법도 있다. 즉, 손가락을 뺄 때마다 손가락을 빼는 행위와 비슷한 동작을 강제로 되풀이하게 하는 방법이 있다. 예를 들어 손가락을 뺄 때마다 손을 펴서 앞뒤로 손바닥을 젖히는 운동을 20회 정도 강제로 시키는 것이다.

### 8) 이물질을 먹거나 빠는 행위

어떤 장애 아동은 아무것이나 입에 넣고, 심지어는 씹어 삼키기까지 한다. 이런 아동들을 지도하는 방법은 다음과 같다.

① 우선 주위에 아동이 주워서 입에 넣을 수 있는 물건을 한두 개로 제한한다.

② 아동이 긍정적인 행동을 하면 차등 보상법을 활용하여 집중적으로 보상을 준다. 아동이 문제행동 이외의 바람직한 행동을 하지 않거나 못할 때는 3단계 지시 따르기 훈련을 실시하여 보상 줄 기회를 유도한다. 치료 도중에 아동이 물건을 입에 넣거나 빨면 즉시 양손을 10초 동안 붙잡고 동작을 억압시키거나 벽쪽으로 데리고 가서 고립시킨다. 이때 입에 넣을 수 있는 물건이 한두 개밖에 없기 때문에 아동에게는 그럴 충동이나 기회가 적고, 부모나 치료사로서는 통제해야 할 일이 적게 일어나기 때문에 비교적 통제가 쉬워진다.

③ ②에서 아동이 잘하면 입에 넣을 수 있는 물건의 종류를 점진적으로 늘려 난이도를 높이고, 차등 보상은 계속 집중적으로 진행한다.

④ 실제로 입에 넣는 행위뿐만 아니라 넣으려고 시도하는 것까지 통제의 대상이 되어야 한다.

### 9) 수면 장애

장애 아동 중에는 잠을 못 이루는 아동들이 있다. 중증 자폐 아동의 경우에는 밤늦게 집안을 돌아다니며 소리를 지르기 때문에 다른 식구들의 생활을 방해하게 된다. 아동이 계속 자지 못하면, 일단 소아정신과 전문의의 진단을 받은 후 다음과 같은 방법을 병행한다.

① 평소에 아동이 잠드는 시간과 일어나는 시간을 5~6일간 기록하여 잠드는 시간과 깨는 시간을 파악한다.

② 잠드는 시간이 되기 전에는 잠자리에 눕지 말고 잠드는 시간까지 기다렸다가 잠자리에 들게 하고, 아침에는 평소보다 5~10분 일찍 깨운다. 잠자리에 누우면 바로 잠이 들게 하고, 아침에 쉽게 일어나게 하기 위해서다.

③ ②가 잘 수행되면 잠자리에 드는 시간을 조금씩 이르게 하고, 아침에 일어나는 시간도 그만큼 앞당긴다.

④ 낮에는 철저히 낮잠을 자지 못하게 한다.

아침에 늦잠 자는 아동은 아침에 일어나는 시간을 5분 정도씩 빠르게 하여 점진적으로 기상 시간을 앞당기면 큰 무리 없이 일찍 일어나게 할 수 있다.

### 10) 식사 거부 행위

중증 장애 아동, 특히 자폐 아동 중에 밥을 먹지 않는 아동들이 있다. 대개 부모들은 아동이 밥을 안 먹고 달리 먹는 것도 없다고 말한다. 그럼에도 아동은 신체적으로 별 이상이 없다. 이는 식구들과 같이 밥은 먹지 않지만, 아동이 밥을 안 먹는 것이 걱정되어 부모가 이것저것 거두어 먹이기 때문이다.

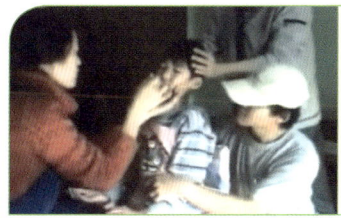

**제1부 동영상 36**

재기 ❶ 14세/정신연령 2~4세
식사 지도(입 벌리기)

이런 아동을 위한 식사 지도법은 다음과 같다.

① 아동이 먹는 것을 모두 1주일간 기록한다(음식종류, 양 포함). 아마도 생각보다 많은 양에 부모도 놀랄 것이다.

② 식사 이외의 군것질을 일절 중단한다.

③ 밥과 반찬을 섞어 아동이 먹기 쉽게 비벼 놓고 아동과 마주 앉는다.

④ 아동이 음식을 손으로 내칠 경우에 대비해서 치료사의 오른편에 작은 의자를 놓고 그 위에 ③의 음식을 놓는다.

⑤ 아동이 몸부림치며 저항할 것에 대비해서 아동 뒤에 어른 한 사람이 서 있다가 아동이 손을 뻗치면서 저항하면 이를 통제한다.

⑥ 치료사가 엄지와 검지로 아동의 어금니가 만져지는 양 볼을 세게 눌러 아동의 입을 벌리게 한다.

⑦ ⑥을 시행한 직후 미리 떠 놓은 비빔밥 한 숟가락을 아동의 입안에 얼른 넣는다. 이때 아동이 뱉으면 ⑥에서처럼 아동의 입을 벌려 뱉은 음식을 얼른 다시 집어넣는다.

⑧ 아동이 순순히 받아먹을 때 한 숟가락마다 보상을 준다. 억지로 먹일 때는 보상을 주지 않는다. 처음에는 아동의 저항이 심하겠지만, 뱉은 것을 다시 집어넣는 것을 여러 번 경험하면, 결국 피할 수 없다는 것을 깨닫고 저항을 포기하게 된다. 또한 군것질한 것이 없기 때문에 배가 고파서라도 순순히 응하게 된다.

⑨ 어떤 아동은 음식을 받아먹기는 하지만 삼키지 않고 입안에 넣어둔다. 그럴 경우에는 일정한 속도로 음식을 계속 입안에 넣어 삼키도록 유도한다. 아동이 삼키지 않고 뱉을 경우 뱉어낸 밥을 다시 아동 입에 강제로 넣는다. 뱉어낸 음식 전부가 아니라도 그 일부만 다시 넣음으로써 아동으로 하여금 뱉어내도 소용 없다는 것을 알게 하기 위한 것이다.

⑩ ⑧의 상태가 잘 진행되면 아동 스스로 먹도록 유도한다.

⑪ ⑩의 상태가 잘 되면 비빔밥 대신에 보통의 밥과 반찬을 사용한다.

### 11) 만성 구토 행위

어떤 아동은 식사 직후부터 시작하여 한두 시간이 지난 후에도 먹은 음식을 계속 토하거나 토한 음식을 다시 집어먹는다. 이런 구토 행위는 수용 시설에 있는 장애 아동한테서 많이 나타난다. 대게 오랫동안 혼자 있는 무료한 상태에서 자극이나 즐거움을 추구하는 자기자극 행위일 경우도 있고, 애정 결핍에서 오거나 주위의 시선을 끌기 위한 관심 추구 행위일 경우도 많다. 만성적 구토 행위는 치료 자체가 쉽지 않고, 일단 치료가 되었다 하더라도 재발하는 비율이 높은 것으로 보고되고 있다.

구토 행위의 치료에 쓰이는 일반적인 치료 방법에는 구토를 해도 관심을 보여 주지 않는 것, 식사 시간을 평소의 배로 늘려 천천히 먹이는 것, 구토할 때마다 물총에 신 레몬주스를 담아 아동의 입에 쏘아 넣는 것, 구토 행위 때마다 칫솔로 이를 닦게 하는 것 등이 있다.

치료 과정을 정리하면 다음과 같다.

① 구토 행위는 중증 장애 아동에게서 많이 일어나기 때문에, 먼저 아동이 할 수 있는 대체 행동을 가르치는 것이 중요하다. 아무것도 할 수 없는 아동일 경우에는 3단계 지시 따르기 훈련을 사용하여 간단한 지시에 응하는 것부터 가르친다.

② ①이 이루어지면, 차등 보상법을 사용하여 긍정적인 일상의 행동은 집중적으로 보상해 주고, 구토 행위에는 관심을 주지 않거나 칫솔질을 시키는 방법으로 벌을 준다.

③ 토해낸 음식을 다시 먹는 경우에는 ①과 ②를 시행하면서 토한 음식을 즉시 치운다. 토해내지 않고 입안에서 우물거릴 때는 입을 강제로 벌려 휴지로 입안의 음식물을 닦아낸다. (동영상 17 '구토 행위 치료' 참조, p.44)

### 12) 자위 행위

정신연령이 3~4세 미만인 10대의 중증 장애 청소년들은 사고 능력과 생리적 욕구가 조화를 이루지 못해 일상생활에서 여러 가지 문제가 발생한다. 그 중 하나가 성적 욕구 처리 문제이다. 이들의 정신연령 수준은 눈앞의 구체적 사물은 이해하지만 눈에 보이지 않는 생활 규범이나 체면 따위는 이해하지 못하기 때문에, 자기 욕구를 충족시키는 일에만 관심이 있다. 따라서 신체적인 발육에 따라 성적인 욕구가 일어날 때는 남이 보거나 말거나 자위 행위를 통해 욕구를 만족시키려 든다.

이러한 현상은 이들이 일반인보다 성에 대한 욕구가 더 강해서가 아니라 남의 시선을 의식하지 않고 욕구를 있는 그대로 드러내기 때문이다. 따라서 이들에게 "사람들 앞에서 그러면 못쓴다."라고 얘기해주어도 아무런 소용이 없다. 왜냐하면 이들은 다른 사람들이 어떻게 생각하는지에 대한 인식도 관심도 없기 때문이다. 이들을 위한 성교육은 막연히 "그렇게 해서는 안 된다."고 막는 것보다는 남들이 안 보는 특정 장소에서 할 수 있도록 가르치는 것이 효과적이다.

자위 행위의 치료 방법은 다음과 같다.

① 일단 중증 장애인도 성인이 되면 성적인 욕구를 충족시킬 권리가 있음을 인정해주어야 한다.

② 자위 행위를 해도 괜찮은 혼자만의 장소(방 혹은 화장실 등)를 미리 정해둔다. 자위 행위를 하는 것이 발견되면 즉시 그곳으로 데리고 가서 자위 행위를 하게 해준다. 그리고 차후에도 정해진 곳에서 하도록 보상도 해준다. 말로 설명해서 알아듣는 청소년일 경우에는 정해진 장소에서만 자위 행위를 하라고 설명해준다.

③ ②의 장소에서 자위 행위를 할 때는 그대로 내버려 두거나 칭찬을 하고 다른 장소에서 할 때는 벌을 준다. 이때의 벌은 자위 행위를 못하도록 손으로 제지하거나 야단을 치거나, 권리 박탈을 사용하여 토큰을 빼앗는 방법 등을 사용한다('권리 박탈'은 p.39에, '토큰 훈련'은 p.57~58에 제시되어 있다).

④ 일단 자위 행위를 통제할 때는 일정 장소 이외에서 하는 자위 행위는 반드시

벌을 주는 것이 중요하다.
⑤ 평소 어느 요일을 정해 이들의 이성 간의 만남(산책, 게임, 소풍 등)을 주선하면 이성에 대한 호기심이나 성적인 욕구를 바람직한 방향으로 해소하는 데 도움이 될 것이다.

## 13) 자기자극 행위

자기자극 행위란 목적 없이 어떤 동작이나 행동을 반복적으로 행하는 것을 말한다. 제멋대로 뛰어다니기, 껑충껑충 뛰기, 손·팔·손가락 흔들거나 뒤틀기, 고개 흔들기, 성기 만지기, 괴성 지르기, 입술 빨기 등이 여기에 속한다. 자기자극 행위는 신체적으로 자신이나 남에게 해를 끼치지는 않지만 이런 행위 자체가 기능적으로 아무런 의미가 없고, 또 이런 행위 때문에 다른 좋은 행동을 하거나 배울 기회를 놓치게 되기 때문에 아동의 발달에 부정적인 영향을 주는 문제행동으로 간주된다.

자기자극 행위는 중증 정신지체나 자폐 아동에게서 많이 나타난다. 특히 시설에 집단적으로 수용되어 있는 장애 아동의 절반 이상이 이런 행동을 하나 또는 복합적으로 가지고 있는 것으로 보고되고 있다.

이러한 자기자극 행위는 주의 환경으로부터 받는 자극의 결핍이나 혼자만의 무료한 시간을 보상하기 위한 방법으로, 자신의 신체적 자극을 통해 즐거움을 찾는 것으로 본다. 자극의 결핍은 두 가지 원인으로 나누어볼 수 있다. 즉, 실제로 주위 환경에서 얻는 자극의 결핍에서 오는 경우와, 아동 스스로 주위 환경과 교류할 수 있는 능력이 결핍되어 오는 경우가 그것이다.

자기자극 행위의 치료 방법을 정하기 전에 반드시 이해해야 할 것은, 자기자극 행위가 장애 아동들에게는 수년 또는 수십 년간 해온 자극이나 즐거움의 원천이었다는 사실이다.

따라서 자기자극 행위를 감소시키기 위해서는 두 가지 원칙을 지켜야 한다. 하나는 자기자극 행위를 대신 할 수 있는 대체 행동을 반드시 가르쳐야 한다는 것이다. 다른 하나는 이러한 자기자극 행위가 우선 보기 흉하기 때문에 되도록 빨리 없애는 방법을 기대하기 쉬운데 시간이 걸리더라도 천천히 감소시켜야 한다는 점이다. 수년간 누려온 즐거움을 일시에 없애려는 것은 불가능할 뿐만 아니라 잔인한 처사일 수도 있기 때문이다. 치료방법은 다음과 같다.

(1) 주위 환경의 자극이 결핍된 경우

① 수용 시설에서 집단생활을 하거나 자기 집에서도 하루 종일 빈방에서 혼자 지내는 경우가 여기에 해당된다. 이런 아동에게는 장난감이나 놀이기구를 넉넉히 갖춰주고, 가까운 놀이터나 시장, 공원 등에 외출도 시킨다. 또 개별적으로 관심을 주고, 행동 형성법을 통해 놀이기술을 하나씩 가르쳐준다. ('행동 형성' 참조, p.25)

② ①의 과정을 거치면서 풍부한 주위 자극을 통해 자기자극 행위가 저절로 감소될 수도 있다. 그러나 문제가 심한 아동에게는 차등 보상법을 사용하여 좋은 행동은 집중적으로 보상해주고, 자기자극 행위는 벌할 필요가 있다.

③ 처벌 방법으로는 첫째, 자기자극 행동을 기능적으로 목적 있는 행동으로 유도하는 것이다. 가령 구슬을 놓고 굴리는 행위를 반복적으로 하는 아동에게는 그 구슬을 혼자서 굴리게 내버려 두지 말고 부모하고 같이, 한 번은 아동이, 한 번은 부모가 번갈아 굴리는 방법이다.

둘째, 자기자극 행위를 할 때 생기는 감각적인 자극 통로를 차단하는 것이다. 예를 들어, 장난감을 책상에 대고 톡톡 치는 행위는 장난감이 책상과 부딪히면서 나는 소리를 즐기기 위한 (청각적인 자극) 경우가 많다. 이럴 때는 책상 위에 헝겊이나 양탄자를 깔아 소리의 발생을 막는다.

셋째, 자기자극 행위의 발생 자체를 막는 것이다. 예를 들면, 몸을 앞뒤로 흔드는 아이에게는 몸을 의자에 고정시켜 움직이지 못하게 한 상태에서 놀이나 어떤 과제를 시킨다.

**제1부 동영상 37**

보혁 ❶ 12세/정신연령 3~4세

손장난 차단

<표 7-4> 중증 장애 아동에게 적합한 활동 및 장난감 놀이

| | |
|---|---|
| 장난감 흔들기 | 손가락으로 누르는 장난감 놀이 |
| 장난감 전화 다이얼 돌리기 | 물건을 빼고 끼우는 것 반복하기 |
| 물건 만져보기 | 물건 줍기 |
| 인형 다독거리거나 쓰다듬기 | 장난감 두 개를 끼워 맞추거나 빼기 |
| 물건 찾기 | 물건을 그릇에 담거나 옮기기 |

(2) 주위 환경과 교류할 수 있는 능력이 결핍된 경우

주의 집중력이 현저히 떨어지는 자폐 아동의 경우가 여기에 해당된다. 이 경우는 주의 집중, 눈맞춤 행동을 먼저 가르치고, 간단한 지시 따르기 또는 장난감 사용법을 가르친 후, 원인 (1)의 경우에서와 같이 ②와 ③의 방법을 사용한다.

## 14) 자해 행동

자해 행동이란 자신에게 신체적 손상을 입히는 행위를 말한다. 주로 중증 지적 장애나 자폐 아동에게서 나타난다. 일반적으로 흔히 일어나는 자해 행동의 형태로는 자기 얼굴이나 몸을 때리는 행위, 머리를 벽이나 바닥에 부딪는 행위, 자신의 몸을 꼬집거나 할퀴고 무는 행위, 자신의 눈을 찌르거나 머리카락을 잡아 뜯는 행위, 이물질을 먹거나 반복적으로 음식물을 토하는 행위 등이 있다. 신체적 손상을 유발하는 정도는 개인차가 심하다. 만성적으로 규칙적인 리듬에 따라 자신의 몸을 가볍게 두드려 신체적 손상 정도가 가벼운 경우가 있는가하면, 자해 행동의 빈도는 낮지만 강도가 심하여 한두 번의 자해 행동으로 생명에 위협이 되는 경우도 있다.

자해 행동은 일부 유전적인 신체의 이상에 따른 기질적인 원인에서 올 수도 있지만 일반적으로 아래의 수단으로 이용되기도 한다.

(가) 무료해서 스스로 자극을 찾기 위한 자기자극 수단으로
(나) 주위로부터 관심을 끌기 위해
(다) 귀찮거나 불쾌한 상황을 회피하거나 원하는 것을 얻기 위한 수단으로 하는 경우

치료 방향은 자해 행동의 발생 원인에 따라 달라진다.
(가)의 경우에는 아동에게 풍부한 자극을 주기 위해 주위에 장난감을 많이 두고, 놀이기구 등을 설치하여 다양한 놀이를 하도록 유도하는 방향으로,
(나)의 경우에는 차등 보상법을 사용하면서 아동에게 많은 관심과 보상을 주다가 자해 행동이 발생하면 즉각적으로 관심을 거두고 모른 체하는 방향으로,
(다)의 경우에는 자해 행동 발생 여부에 상관없이 하던 과제를 끝까지 수행시키는 방향으로 설정한다.

치료 과정을 구체적으로 살펴보면 다음과 같다.
① 자해 행동의 원인을 알기 위해 아동의 여러 상황을 관찰한다.
　①-1 아무것도 없는 빈방에 혼자 있게 한다.
　①-2 장난감이 있는 방에 아동과 어른이 같이 있으면서, 아동이 자해 행동을 할 때마다 그러지 말라고 관심을 준다.
　①-3 아동에게 이런저런 지시를 내려도 아동이 자해 행동을 하면 즉각 하던 일을 멈추게 하고, 약 5초 후에 다시 일을 시킨다.
　위의 세 조건은 한 번에 약 10~15분씩 실시한다. 조건 ①-1에서 자해 행동이 많이 나오면 무료해서 하는 자기자극 행동이고, 조건 ①-2에서 많이 나

오면 관심을 얻기 위한 것이고, 조건 ①-3에서 많이 나오면 하기 싫은 일을 회피하거나 원하는 것을 얻기 위한 것이다.

② 치료 장소는 아동이 머리를 벽이나 바닥에 부딪쳐도 다치지 않을 안전한 곳이어야 한다. 우선 작은 방의 바닥에 양탄자를 깔고 벽에는 스티로폼을 대어 안전한 환경을 만든다. 또한 아동이 자신을 심하게 때려 피가 날 정도이면, 머리에 태권도 경기용 헬멧을 씌우거나, 팔걸이를 끼워서 팔을 굽히지 못하도록 보호장치를 한다. 이렇게 하는 이유는 자해 행동의 원인이 관심을 끌기 위한 것일 때, 자해 행동을 하더라도 관심을 주지 않고 모른 척해야 하기 때문이다. 즉, 이 경우엔 아무리 자신을 때려도 말리지 말아야 한다.

③ 자해 행동에 대한 벌은 여러 가지 방법으로 줄 수 있다. 무관심, 동작억압 고립 또는 단순고립, 조건부 운동, 얼굴에 물총 쏘기, 턱받이 같은 헝겊으로 얼굴 덮어씌우기 등이 많이 사용된다.

④ 치료는 원인에 따라서 방법이 달라야 한다. 공통점은 아동에게 보상을 줄 수 있는 기회를 먼저 마련한 후에 자해 행동을 벌하는 것이다. 칭찬이나 보상받을 만한 행동을 할 수 없는 아동에게는 먼저 3단계 지시 따르기 훈련법을 통해 지시에 따르는 법을 가르친다. 치료사의 지시에 따라 행동하는 동안 자해 행동이 일어나면 벌한다.

⑤ 치료는 지정된 방에서 1회에 10~15분씩, 하루에 4~8회 정도 실시한다.

⑥ 위의 치료는 치료실에서만 실시하고, 치료실 밖에서는 당분간 그대로 내버려 둔다. 이것은 아동이 치료실에서는 어떻게 해야 하는가를 가르치기 위해서다.

⑦ 일단 ⑥에서 자해 행동이 감소되면, 조심스럽게 치료실 밖으로 치료를 확대한다. 즉 아동의 일상생활이 치료의 대상이 되는 것이다. 이때는 차등 보상법을 통해 아동에게 많은 보상을 주어야 하며, 자해 행동이 일어나면 놓치지 말고 벌을 주어야 한다. 자해 행동이 일일이 벌하지 못할 정도로 잦으면, 다시 ⑤의 상태로 되돌아간다. 자해 행동이 벌 받지 않고 그대로 몇 번 넘어갈

경우, 아동이 이런 약점을 이용하여 다시 치료 전 상태로 돌아갈 가능성이 높기 때문이다.

⑧ 이런 방법으로 1~3개월 치료를 실시하면 심한 자해 행동 아동도 치료가 된다. 치료 막바지에 토큰 경제를 실시하면 일상생활에서도 아동의 생활이 전반적으로 나아지면서 자해 행동은 줄어들게 된다.

자해 행동 치료 과정은 〈제2부 응용행동분석 치료 사례: 사례5 지적장애 아동의 자해 행동 치료〉에 제시되어 있다.

# 제2부
# 응용행동분석
# 치료 사례

사례 1. 지적장애 소녀의 반향어 치료
사례 2. 지적장애 청년의 충동적 물 마시기 행동 지도
사례 3. 정서장애를 동반한 지적장애 청년의 생활기능 향상 지도
사례 4. 지적장애 소년의 편식 지도
사례 5. 지적장애 아동의 자해 행동 치료

# 사례 1 | 지적장애 소녀의 반향어 치료

## Ⅰ. 일반적 정보

| | | | |
|---|---|---|---|
| 발달 정보 | 이름(성별) | 기은 (여) | |
| | 생활연령 | 15세 | |
| | 발달연령 | 3~4세 | |
| | 진단명 | 루빈스타인 테이비 증후군, 지적장애 1급 | |
| 발달연령 | 인지 | 3세 수준 | |
| | 운동 | 2.5세 수준 | |
| | 의사소통 | 2.5세 수준 | |
| | 사회성 | 3~4세 수준 | |
| 기능 수준 | 신변처리 | 먹기 | 독립적 |
| | | 입기 | 독립적 |
| | | 씻기 | 약간 도움 필요 |
| | | 대소변 관리 | 독립적 |
| | 운동 | 대근육 운동 | 잘 걸으나 동작이 둔하고 뛰지 못함 |
| | | 소근육 운동 | 좋은 편임 |
| | 의사소통 | • 소리언어 가능하나 자발적 의사 표현은 안 됨<br>• 반향어가 심함 | |
| | 사회성 | 타인과의 접촉에 대해 거부감은 없으나 의미 있는 소통은 안 됨 | |
| | 놀이활동 | 특별한 놀이기술이 없음 | |
| 좋은 점 | • 순종적<br>• 수용언어 좋은 편(말귀 알아들음) | | |
| 문제행동 | • 심한 반향어<br>• 자발적 의사 표현 결여 | | |
| 기타<br>(아동의 특성) | 루빈스타인 테이비 증후군 증상으로 동작이 둔함 | | |

## II. 치료 과정

1. 반향어 원인 평가
2. 치료계획: 권리 박탈을 통한 반향어 지도

### 1. 반향어 원인 평가

제2부 동영상 1
지적장애 소녀의 반향어 치료

| 반향어 유발조건 | 활동(activity) | 횟수 |
| --- | --- | --- |
| 과제 수행 조건 | 지시어로 친숙한 어휘 2개 사용 | 20회 대화 |
| | 지시어로 친숙한 어휘 4개 사용 | |
| | 지시어로 어려운 어휘 2개 사용 | |
| | 지시어로 어려운 어휘 4개 사용 | |
| 두 사람 간의 대화조건 | 친숙한 어휘 사용 | 20회 대화 |
| | 어려운 어휘 사용 | |
| 세 사람 간의 교차 대화조건 | 기은이에게 말하기 | 20회 대화 |
| | 다른 사람과 대화 | |
| 일상생활 조건 | 기은이와 일상생활을 같이 하면서 특별한 주제 없이 15~20분 간 대화를 나눔 | 20회 대화 |

평가 결과
- 과제 수행 조건에서 어려운 어휘를 사용할 때(50~90%)보다 친숙한 어휘 2개를 사용할 때(10~30%) 반향어가 크게 감소함
- 구체적인 과제 수행 없이 대화하는 조건에서는 두 경우 모두 반향어가 높게 나옴(80~90%)

## 2. 치료 계획: 권리 박탈을 통한 반향어 지도

| 반향어 유발조건 | 활동(activity) | 수행 방법 |
|---|---|---|
| 과제수행조건 | 퍼즐 맞추기 | • 지시어를 초기에는 어휘 2개로 시작해서 5개로 증가함<br>• 치료 시작 전에 토큰 20개를 기은이에게 미리 줌<br>• 반향어 없이 과제를 수행하면(도움을 받아도 좋음) 그 자리에서 토큰과 과자를 바꾸어줌<br>• 반향어가 나오면 즉시 "반향어 하면 안 돼"라고 말한 후, 토큰 1개를 빼앗음<br>• 회기마다 지시어 20개를 사용하는 데 약 5분 걸림 |
| | 그림카드 찾기 | |
| | '동물소리 상자' 버튼 누르기 | |
| 대화조건 | 친숙한 어휘 사용 | • 초기에는 가은이에게 쉬운 어휘 2개를 사용해서 대화하고, 점진적으로 어휘 수를 5개 정도로 증가함<br>• 반향어 통제를 위해 토큰과 권리 박탈을 적용함<br>• 4명이 둘러앉아 한 명씩 돌아가면서 대화를 시킴. 이때 기은이에게 대화할 때뿐만 아니라 다른 사람에게 하는 말을 따라서 하면 토큰을 빼앗음 |
| | 어려운 어휘 사용 | |
| 일상생활조건 | 기은이와 일상생활을 같이 하면서 특별한 주제 없이 5~10분 간 대화를 나눔 | • 기은이가 일상생활을 하는 동안 20회 대화를 시도함<br>• 반향어 없이 대화를 이어가면 토큰 1개를 주고, 반향어를 하면 토큰을 빼앗음 |

## III. 결과

— 반향어는 과제를 수행할 때(10%) 보다 과제 없이 대화만 할 때(30~80%) 현저히 높게 발생하였다.

— 이해하기 쉬운 어휘를 사용할 때(10%) 보다 이해하기 어려운 내용을 얘기할 때(50~100%) 현저히 높게 발생하였다.

— 치료 과정에서 토큰 교환과 권리 박탈을 통한 반향어 통제는 매우 효과가 높아, 치료실에서는 반향어가 거의 나오지 않았으며 (20회 대화 중 0~2회), 일반생활 환경에서도 치료 효과가 그대로 유지되었다.

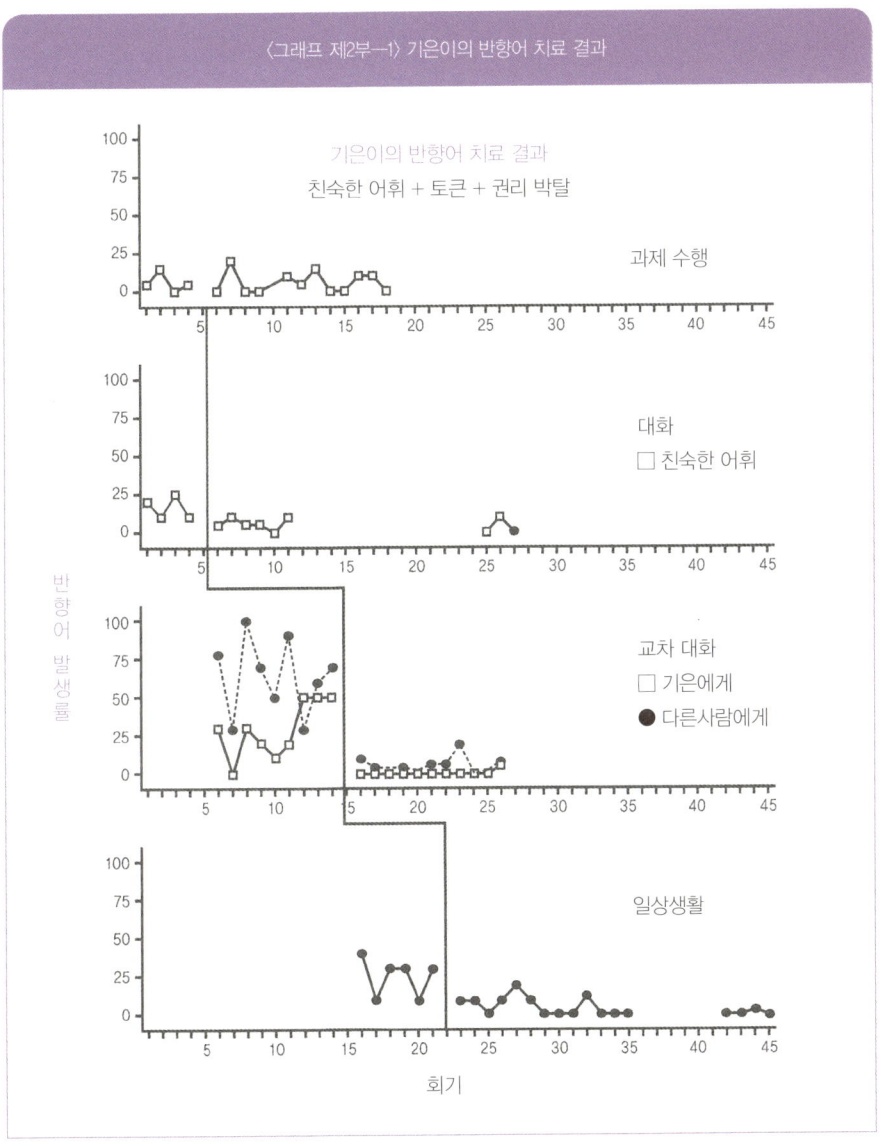

〈그래프 제2부—1〉 기은이의 반항어 치료 결과

99

# 사례 2 | 지적장애 청년의 충동적 물 마시기 행동 지도

## I. 일반적 정보

| | | |
|---|---|---|
| 발달 정보 | 이름(성별) | 사랑(남) |
| | 생활연령 | 추정나이 만 25세 |
| | 발달연령 | 2~4세 수준 |
| | 진단명 | 지적장애 1급(최중도), 정서장애 |
| 발달연령 | 인지 | 2~4세 수준 |
| | 운동 | 정상 발달 |
| | 의사소통 | 2세 수준 |
| | 사회성 | 2세 수준 |
| 기능 수준 | 신변처리 | 먹기 | • 혼자서 독립적 식사 가능<br>• 식사 도구 사용 가능<br>• 흘리지 않고 잘 먹음<br>• 물이나 음식에 대한 충동 조절이 안 됨 |
| | | 입기 | • 옷의 앞뒤를 구분해 주면 스스로 옷을 입음<br>• 지시하면 꺾은 신발을 바로 고쳐 신음<br>• 스스로 신발 신기와 신발 끈 묶기 가능함 |
| | | 씻기 | • 의존적<br>• 목욕 시 쪼그려 앉는 등 협조적 자세를 취함 |
| | | 대소변 관리 | • 요의와 변의를 느끼면 바지를 벗는 행동으로 생리 욕구를 표현함<br>• 불규칙적으로 바지에 실뇨함<br>• 화장실에 있는 여러 개의 변기에 나누어 볼일을 봄<br>• 뒤처리를 직접 하지 못하고, 배변 후 엉덩이를 내밈 |
| | 운동 | 대근육 운동 | 정상 발달 |
| | | 소근육 운동 | 정상 발달 |
| | 의사소통 | | • 주의 집중이 안 됨<br>• 표현 수단이 없으나 간단한 지시어를 이해함 |
| | 사회성 | | 가끔 다른 사람의 손을 잡는 행동을 보이나, 대체로 혼자 돌아다니거나 앉아 있음 |
| | 놀이활동 | | 어려움 |

| 좋은 점 | • 인지에 비해 운동 발달이 뛰어남<br>• 언어적 지시로 일부 과제 수행이 가능함<br>• 다른 사람의 손을 잡는 것을 좋아함<br>• 눈맞추기 가능함 |
|---|---|
| 문제행동 | • 충동 조절(물 마시는 행동)이 되지 않음<br>• 놀이 기술의 부재<br>• 인지, 학습 기술의 부재 |
| 기타<br>(아동의 특성) | • 시내버스 터미널에서 주변 상가를 배회하다가 보호시설에 의뢰됨<br>• 복용하는 약의 효과에 지장을 줄 정도로 충동적으로 물을 많이 마심<br>• 물을 못 마시게 하면 몰래 변기물을 마신다고 함 |

## II. 치료 과정

1. 지시 따르기 훈련
2. 놀이 지도
3. 물 마시기 문제행동 지도

1. 지시 따르기 훈련 : 선택적 지시 따르기

제2부 동영상 2

지적장애 청년의 충동적 물 마시기 치료

| 목표: 치료사가 지시한 구멍에 페그(peg) 넣기 ||||| 
|---|---|---|---|---|
| 과제 수행 조건 | 단계별 수행 방법 ||| 단계별 성공 조건 |
| 페그 1개를<br>1개의 구멍에 넣기 | 3단계<br>지시<br>따르기 | 1단계 | 언어로 "여기에 넣어요"라고 지시하기 | 연속 5회 중<br>4회 이상 성공 시<br>다음 단계로 진행 |
| | | 2단계 | (5초 내에) 시행하지 않을 경우<br>언어 지시와 함께 손짓하기 | |
| | | 3단계 | 2단계에서도 시행하지 않으면<br>사랑이의 팔을 잡고 강제로 넣게 하기 | |
| 페그 1개를 떨어져<br>있는 2개의 구멍 중<br>지시한 구멍에 넣기 | 3단계<br>지시<br>따르기 | 1단계 | 언어로 "여기에 넣어요"라고 지시하기 | |
| | | 2단계 | (5초 내에) 시행하지 않을 경우<br>언어 지시와 함께 손짓하기 | |
| | | 3단계 | 2단계에서도 시행하지 않으면<br>팔을 잡고 강제로 넣게 하기 | |
| 페그 1개를 인접해<br>있는 2개의 구멍 중<br>지시한 구멍에 넣기 | 3단계<br>지시<br>따르기 | 1단계 | 언어로 "여기에 넣어요"라고 지시하기 | |
| | | 2단계 | (5초 내에) 시행하지 않을 경우<br>언어 지시와 함께 손짓하기 | |
| | | 3단계 | 2단계에서도 시행하지 않으면<br>팔을 잡고 강제로 넣게 하기 | |
| 페그 1개를 떨어져<br>있는 3개의 구멍 중<br>지시한 구멍에 넣기 | 3단계<br>지시<br>따르기 | 1단계 | 언어로 "여기에 넣어요"라고 지시하기 | |
| | | 2단계 | (5초 내에) 시행하지 않을 경우<br>언어 지시와 함께 손짓하기 | |
| | | 3단계 | 2단계에서도 시행하지 않으면 아동의<br>팔을 잡고 강제로 넣게 하기 | |

치료환경
① 치료시간: 15분
② 이용도구:
- 책상, 의자
- 페그보드(pegboard set) 1개
- 사랑이가 좋아하는 먹거리
- 빨간 펜

③ 환경:
- 주위를 산만하지 않게 조용히 함
- 자리 이탈을 최소화하기 위해 구석에 앉힘
- 집중력 훈련을 위해 과제 수행 전에 '사다리 건너기' 또는 '컵 속에 과자 찾기'를 10분 간 수행
- 지시 내용을 분명하게 전달하기 위해 치료사가 손가락 대신 포인터용 빨간펜을 잡고 지시를 함

## 2. 놀이지도: 캐치볼 놀이하기

| 목표: 여가 시간에 도움 없이 캐치볼 놀이하기 |||
|---|---|---|
| 수행 단계 | 단계별 수행 방법 | 단계별 성공 조건 |
| 공 받기 | 치료사가 사랑이의 어깨와 손잡고 도와주기 | 20회 시도하여 15회 이상 성공하기 |
| | 치료사가 손잡고 도와주기 | |
| | 치료사가 공 오는 방향으로 가볍게 밀어주기 | |
| | 치료사가 언어적 지시 주기 | |
| | 도움 없이 하기 | |
| 공 던지기 | 치료사가 어깨와 손잡고 도와주기 | |
| | 치료사가 손잡고 도와주기 | |
| | 치료사가 공 던지는 방향으로 가볍게 밀어주기 | |
| | 치료사가 언어적 지시 주기 | |
| | 도움 없이 하기 | |
| 공 주고받기 | 치료사가 어깨와 손잡고 도와주기 | |
| | 치료사가 손잡고 도와주기 | |
| | 치료사가 가벼운 신체 접촉으로 방향 가르쳐주기 | |
| | 치료사가 언어적 지시 주기 | |
| | 도움 없이 하기 | |

**치료환경**
① 치료시간: 15분
② 이용도구:
- 책상, 의자
- 캐치볼 세트 1개
- 사랑이가 좋아하는 먹거리(쁘티첼, 요플레 등)

③ 환경
- 집중력 훈련을 위해 과제를 수행하기 전에 '컵 속에 과자 찾기'와 '길 찾기' 놀이를 5분씩 수행함
- 앵글로 경계를 만들어 이동 범위를 제한함
- 캐치볼 판 주변에 벨크로를 덧대어 던진 공이 잘 붙도록 도와줌

## 3. 물 마시기 문제행동지도: 정해진 시간에만 물 마시기
### (1) 충동 억제 훈련

| 목표: 하루에 할당된 물 2리터를 정해진 시간에만 마시기 |||
|---|---|---|
| 수행 단계 | 단계별 수행 방법 | |
| 과제를 2분간 수행하고, 2분마다 물 마시기 | 강제로 물 마시게 하기 | 타이머가 울리는 15초 동안 80% 이상 수행했을 때 (물 마셨을 때) |
| | 컵이 있는 방향으로 손 유도하기 | |
| | 치료사가 가벼운 신체 접촉으로 지시 주기 | |
| | 치료사가 언어적 지시 주기 | |
| | 도움 없이 하기 | |
| 과제를 3분간 수행하고, 3분마다 물 마시기 | 치료사가 어깨와 손 잡고 도와주기 | |
| | 치료사가 손 잡고 도와주기 | |
| | 치료사가 가벼운 신체 접촉으로 물 마시라고 힌트 주기 | |
| | 치료사가 언어적 지시 주기 | |
| | 도움 없이 하기 | |
| 과제를 4분간 수행하고, 4분마다 물 마시기 | 치료사가 어깨와 손 잡고 도와주기 | |
| | 치료사가 손 잡고 도와주기 | |
| | 치료사가 가벼운 신체 접촉으로 물 마시라고 힌트 주기 | |
| | 치료사가 언어적 지시 주기 | |
| | 도움 없이 하기 | |
| 과제를 5분간 수행하고, 5분마다 물 마시기 | 치료사가 어깨와 손잡고 도와주기 | |
| | 치료사가 손 잡고 도와주기 | |
| | 치료사가 가벼운 신체 접촉으로 물 마시라고 힌트 주기 | |
| | 치료사가 언어적 지시 주기 | |
| | 도움 없이 하기 | |
| 치료환경 ① 보상기준: 도움없이 과제를 수행했을 때 ② 이용도구: 책상, 의자, 물과 컵, 타이머 ③ 처벌 내용: 문제행동(허락없이 물 마시기)을 보이면 즉시 팔을 뒤로 교차시켜 누름(고립 기법) ④ 환경 조성: 물이 담긴 컵을 사랑이의 손이 닿지는 않지만 볼 수 있는 거리에 두고 과제 제시 ⑤ 과제 내용: 통에 적목 넣기, 페그보드 끼우기, 자동차 블록 넣기 등 |||

## (2) 일반화 과정

| 목표: 하루에 할당된 물 2리터를 정해진 시간에만 마시기 |||
|---|---|---|
| 수행 단계 | 단계별 수행 방법 | |
| 과제를<br>5분간 수행하고,<br>물컵이 있는 장소로<br>가서 물 마시기 | 강제로 물 마시게 하기 | |
| | 컵이 있는 쪽으로 사랑이의 손 이끌기 | |
| | 치료사가 가벼운 신체 접촉으로 물 마시라고 힌트 주기 | |
| | 치료사가 언어적 지시 주기 | |
| | 도움 없이 하기 | |
| 과제를<br>10분간 수행하고,<br>물컵이 있는 장소로<br>가서 물 마시기 | 치료사가 어깨와 손잡고 도와주기 | |
| | 치료사가 손 잡고 도와주기 | |
| | 치료사가 가벼운 신체 접촉으로 힌트 주기 | |
| | 치료사가 언어적 지시 주기 | 타이머가 울리는<br>30초 동안<br>80% 이상<br>수행했을 때 |
| | 도움 없이 하기 | |
| 과제를<br>20분간 수행하고,<br>물컵이 있는 장소로<br>가서 물 마시기 | 치료사가 어깨와 손 잡고 도와주기 | |
| | 치료사가 손 잡고 도와주기 | |
| | 치료사가 가벼운 신체 접촉으로 힌트 주기 | |
| | 치료사가 언어적 지시 주기 | |
| | 도움 없이 하기 | |
| 과제를<br>30분간 수행하고,<br>물컵이 있는 장소로<br>가서 물 마시기 | 치료사가 어깨와 손 잡고 도와주기 | |
| | 치료사가 손 잡고 도와주기 | |
| | 치료사가 가벼운 신체 접촉으로 힌트 주기 | |
| | 치료사가 언어적 지시 주기 | |
| | 도움 없이 하기 | |

치료환경
① 보상기준: 종소리를 듣고 30초 내에 물 마시러 갈 때
② 이용도구: 책상, 의자, 물과 컵, 타이머
③ 처벌내용: 문제행동(허락없이 물 마시기)을 보이면 즉시 팔을 뒤로 교차시켜 누름
④ 환경조성: 물이 담긴 컵을 일정한 장소(아동이 볼 수 있는 곳)에 놓아둠
⑤ 과제내용: 캐치볼, 낚시놀이, 페그보드, 동물소리상자 장난감, 한글 자석 등을 테이블 위에 놓고
　치료사와 함께 제시된 과제를 수행함

## III. 결과

— 처음에는 지시 따르기가 되지 않아 적목 넣기와 사다리 건너기 과제를 통해 〈if—then〉 관계와 지시 따르기를 학습시켰다.

— 치료 초기에는 위에 과제를 수행하는 동안 물컵을 가까이 두었다. 사랑이에게 물을 마시고 싶은 충동을 부추기면서, 동시에 물 마시고 싶은 충동을 참는 것을 지도하기 위해서였다.

— 치료사의 지시에 따라 과제를 수행하면 보상을 받는 〈if—then〉 관계가 확실히 학습되면서 치료실 내에서 사랑이의 물 마시는 충동이 잘 억제되었다.

— 거실에서 '알람시계에 맞춰 한 시간에 1회씩 물 마시기' 지도가 어려움 없이 수행되고 일상생활에서도 잘 유지되었다.

# 사례 3 | 정서장애를 동반한 지적장애 청년의 생활기능 향상 지도

## I. 일반적 정보

| | | |
|---|---|---|
| 발달 정보 | 이름(성별) | 이종복(남) |
| | 생활연령 | 만 27세 |
| | 발달연령 | 2세 정도의 기능 수준 |
| | 진단명 | 중증 정서장애, 지적장애 1급 |
| 발달연령 | 인지 | 2세 수준 |
| | 운동 | 2세 수준 |
| | 의사소통 | 1~2세 수준 |
| | 사회성 | 평가 불능(아동 학대로 인한 심한 정서장애) |
| 기능 수준 | 신변처리 | 먹기 | • 혼자서 독립적 식사 가능<br>• 간단한 식사 도구 사용 가능 |
| | | 입기 | • 머리나 팔을 끼워 주면 입거나 벗음<br>• 옷매무새 정리는 안 됨<br>• 혼자서 신발 벗고 신음 |
| | | 씻기 | 의존적 |
| | | 대소변 관리 | • 정해진 시간에 화장실에 앉힘<br>• 뒤처리 도움 필요<br>• 기저귀 미착용 |
| | 운동 | 대근육 운동 | 도움 없이 느리게 걷기는 가능하나 균형 감각이 많이 떨어짐 |
| | | 소근육 운동 | 정상 발달 |
| | 의사소통 | 불가능 |
| | 사회성 | 어려움 (대체로 구석에 혼자 앉아 있음) |
| | 놀이활동 | 어려움 |
| 좋은 점 | • 혼자서 식사 가능<br>• 뒤처리 제외한 배변 관리 가능 |

| | |
|---|---|
| 문제행동 | • 먹을 것과 먹지 못하는 것을 구분하지 못할 때가 있음<br>• 과거 오른쪽 대퇴골 골절 수술로 인하여 움직임이 부자연스럽고 움직임에 대한 불안이 큼<br>• 자의로 화장실에 가지 않음<br>• 하루 종일 혼자 몸을 흔들며 앉아 있음<br>• 넘어지거나 많이 긴장하면 간질을 일으킬 수 있음<br>• 과제 수행 시 제지당하면 다시 시도하지 않음 |
| 기타<br>(아동의 특성) | • 간질약 복용 경험이 있음<br>• 초기 아동기에 조부의 폭행에 의해 신체 일부가 잘리는 충격(trauma)으로 심한 정서장애를 보이고, 이로 인해 신체적 정신적 발달이 정지된 것으로 보임<br>• 자동차에 대한 호기심이나 집착이 강함 |

## II. 치료 과정

1. 지시 따르기 훈련
2. 손 기능 향상
3. 음악 듣기

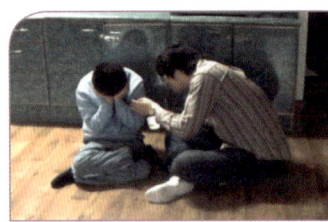

제2부 동영상 3

정서장애 동반한 지적장애 청년의
생활기능 향상 지도

## 1. 지시 따르기 훈련: 통 속에 블록 넣기, 〈if–then〉학습, 주의 집중력 향상

| 장기 목표: 언어적 지시만으로 통 속에 적목 넣기 |||||
|---|---|---|---|---|
| 수행 단계 | 단계별 수행 방법 ||| 단계별 성공 조건 |
| 적목 4개를 통 속에 넣기 | 3단계 지시 따르기 | 1단계 | 언어로 "여기 넣어요"라고 지시하기 | 연속 5회 중 4회 이상 성공 시 다음 단계로 진행 |
| | | 2단계 | (5초 내에) 시행하지 않을 경우 언어 지시와 함께 손짓하기 | |
| | | 3단계 | 2단계에서도 시행하지 않으면 종복이의 팔을 잡고 강제로 넣게 하기 | |
| 적목 8개를 연속적으로 통 속에 넣기 | 3단계 지시 따르기 | 1단계 | 언어로 "여기 넣어요"라고 지시하기 | |
| | | 2단계 | (5초 내에) 시행하지 않을 경우 언어 지시와 함께 손짓하기 | |
| | | 3단계 | 2단계에서도 시행하지 않으면 팔을 잡고 강제로 넣게 하기 | |
| 적목 12개를 연속적으로 통 속에 넣기 | 3단계 지시 따르기 | 1단계 | 언어로 "여기 넣어요"라고 지시하기 | 연속 5회 중 4회 이상 성공 시 다음 단계로 진행 |
| | | 2단계 | (5초 내에) 시행하지 않을 경우 언어 지시와 함께 손짓하기 | |
| | | 3단계 | 2단계에서도 시행하지 않으면 팔을 잡고 강제로 넣게 하기 | |

치료환경
① 치료시간: 15분
② 이용도구: 책상, 의자, 지름 25cm 크기의 통, 종복이가 좋아하는 음식(쁘띠첼, 요플레 등), 구멍 16개가 있는 페그보드 세트
③ 환경:
- 주위를 산만하지 않게 조용히 함
- 양손은 무릎에 올려놓게 함
- 치료사는 종복이의 맞은편 의자에 앉음

## 2. 손 기능 향상: 손힘 기르기

| 장기 목표: 언어적 지시만으로 통 속에 적목 넣기 ||||
|---|---|---|---|
| 수행 단계 | 단계별 수행 방법 || 단계별 성공 조건 |
| 부드러운 강도(soft level)의 찰흙 속에 숨겨진 적목 찾기 | 3단계 지시 따르기 | 1단계: 언어로 "여기 넣어요." 라고 지시하기 | 연속 5회 중 4회 이상 성공 시 다음 단계로 진행 |
| | | 2단계: (5초 내에) 시행하지 않을 경우 언어 지시와 함께 손짓하기 | |
| | | 3단계: 2단계에서도 시행하지 않으면 종복이의 팔을 잡고 강제로 적목 빼어내게 하기 | |
| 중간강도(medium level)의 찰흙 속에 숨겨진 적목 찾기 | 3단계 지시 따르기 | 1단계: 언어로 "여기 넣어요." 라고 지시하기 | |
| | | 2단계: (5초 내에) 시행하지 않을 경우 언어 지시와 함께 손짓하기 | |
| | | 3단계: 2단계에서도 시행하지 않으면 팔을 잡고 강제로 적목 빼어내게 하기 | |
| 딱딱한 강도(hard level)의 찰흙 속에 숨겨진 적목 찾기 | 3단계 지시 따르기 | 1단계: 언어로 "여기 넣어요." 라고 지시하기 | 연속 5회중 4회 이상 성공 시 다음 단계로 진행 |
| | | 2단계: (5초 내에) 시행하지 않을 경우 언어 지시와 함께 손짓하기 | |
| | | 3단계: 2단계에서도 시행하지 않으면 팔을 잡고 강제로 적목 빼어내게 하기 | |

치료환경
① 치료시간: 15분
② 이용도구: 책상, 의자, 블록 1개, 종복이가 좋아하는 음식(쁘띠첼, 요플레 등), 부드러운, 중간, 딱딱한 세 종류의 찰흙
③ 환경:
- 주위를 산만하지 않게 조용히 함
- 양손은 무릎에 올려 놓게 함
- 치료사는 종복이의 맞은편 의자에 앉음

## 3. 음악듣기: 버튼 눌러 음악 듣기

| 목표: 버튼 눌러 음악 듣기 ||||
|---|---|---|---|
| 수행 단계 | 단계별 수행 방법 || 단계별 성공 조건 |
| 버튼을 지속해서 눌러 음악 듣기 | 3단계 지시 따르기 | 1단계: 언어로 "버튼을 눌러요."라고 지시하기 | 연속 5회 중 4회 이상 성공 시 다음 단계로 진행 |
| | | 2단계: (5초 내에) 시행하지 않을 경우 언어 지시와 함께 손짓하기 | |
| | | 3단계: 2단계에서도 시행하지 않으면 팔을 잡고 강제로 누르게 함 | |

**주의사항**
- 버튼을 누르는 시간은 20초 이상으로 함
- 치료사가 "그만"이라고 했을 때 손을 떼도록 함

**치료환경**
① 치료시간: 15분
② 이용도구: 책상, 의자, 마우스를 카세트와 연결해 버튼을 누르면 음악이 나오도록 고안된 학습도구 (손을 떼면 음악이 멈추는 스피커 달린 라디오 카세트), 좋아하는 먹거리 (쁘띠첼, 요플레 등)
③ 환경:
  - 주위를 산만하지 않도록 조용히 함
  - 양손은 무릎에 올려놓게 함
  - 치료사는 아동의 맞은편 의자에 앉음

## 4. 화장실 가기: 벨이 울리면 화장실에 가기

| 목표: 혼자서 화장실 가서 소변보는 연습하기 ||||
|---|---|---|---|
| 수행 단계 | 단계별 수행 방법 || 단계별 성공 조건 |
| 벨이 울리면 문을 열고 화장실로 가서 소변보는 연습하기 | 3단계 지시 따르기 | 1단계: 벨이 울리면 언어로 "화장실 가요."라고 지시하기 | 연속 5회 중 4회이상 성공 시 다음 단계로 진행 |
| | | 2단계: (5초 내에)시행하지 않을 경우 언어 지시와 함께 손짓하기 | |
| | | 3단계: 2단계에서도 시행하지 않으면 팔을 잡고 화장실로 데리고 가기 | |

**치료환경**
① 이용도구: 알람 시계, 종복이가 좋아하는 먹거리(쁘띠첼, 요플레 등)
② 환경:
  - 20분 간격으로 벨 소리를 울리도록 함
  - 다른 과제 수행 중에도 화장실 가기 실시함

## III. 결과

- 종복이는 어려서 조부에 의해 신체 부위의 일부를 훼손당하는 충격적인 일을 당해 심한 정서장애를 갖고 있었다.
- 평소에는 구석에 혼자 앉아 있거나 두 손으로 얼굴을 가리고 쭈그리고 앉아 있는 모습을 자주 보였다. 다른 아동과 어울리는 모습을 보인 적이 없었다.
- 그러나 이번 응용행동분석 실습에 비교적 좋은 반응을 보였다. 치료사의 지시에 대해 큰 거부감이 없이 과제 수행 지도를 따르고 보상받는 것을 좋아했다.
- 치료사들과의 라포르 형성도 잘 되었으며, 외모가 예쁘거나 다정하게 대하는 특정 치료사를 좋아하는 모습을 보였다.
- 종복이의 인지 기능이 매우 낮아, 지시 따르기는 잘 수행되었지만, 과제의 난이도를 높이는 데는 한계가 있어 과제의 수준을 크게 높이지 못하고 치료를 종료하였다.
- 실습이 끝날 무렵 종복이의 표정이 많이 밝아졌고, 사회성도 부분적으로 향상을 보였다. 거실에서 같이 생활하는 다른 아동들이 종복이의 놀이 장난감에 흥미를 보여 종복이 곁에 모여들었을 때 종복이가 옆 아이의 얼굴을 다정하게 껴안는 모습을 보여주었다. 항상 무표정한 외톨이로 고립되어 있던 종복이에게도 이런 따뜻한 감성이 있었구나 하는 생각에 치료사들 모두 신선한 충격을 받았다. 치료사들은 종복이가 이십여 년간 닫혀 있던 감정의 문을 마침내 연 것 같아 기뻐하면서도, 다른 한편으로 진작 그런 감성을 개발해주지 못한 것에 대한 미안함과 안타까움이 뒤섞여 착잡했다.

# 사례 4 | 지적장애 소년의 쌀밥 거부 편식 치료

## I. 일반적 정보

| | | | |
|---|---|---|---|
| 발달 정보 | 이름(성별) | 재기(남) | |
| | 생활연령 | 14세 | |
| | 발달연령 | 2~4세 | |
| | 진단명 | 지적장애 1급 | |
| 발달연령 | 인지 | 3~4세 | |
| | 운동 | 3~4세 | |
| | 의사소통 | 2~3세 | |
| | 사회성 | 2~3세 | |
| 기능 수준 | 신변처리 | 먹기 | 독립적 |
| | | 입기 | 독립적 |
| | | 씻기 | 독립적 |
| | | 대소변 관리 | • 기저귀 미착용<br>• 대변 뒤처리가 안 됨 |
| | 운동 | 대근육 운동 | 좋음 |
| | | 소근육 운동 | 손으로 물건 잡기 가능<br>(섬세한 손동작은 약간 어려움) |
| | 의사소통 | 어려움 | |
| | 사회성 | 어려움 | |
| | 놀이활동 | 어려움 | |
| 좋은 점 | • ADL(일상생활 신변처리) 수행에 큰 문제 없음<br>• 좋고 싫음을 분명히 표현(좋은 것은 달려들고 싫은 것은 "으아앙")<br>• 그림책, 그네타기를 좋아함(그림책을 주면 하루 종일 가지고 놀음) | | |
| 문제행동 | • 쌀밥을 먹지 않음(야채, 고기가 있는 국물은 먹음)<br>• 삼키지 않고 입안에 남은 음식물을 내뱉음<br>• 자기자극 행위(자신의 살을 심하게 꼬집어 상처를 내서 피를 짜냄)<br>• 상황에 맞지 않는 언어 사용("맴맴", "학교 안 가", "소풍 가요" 등)<br>• 바닥에 주저앉음(걷기 싫을 때, 하기 싫은 것을 시킬 때)<br>• 침 뱉기(지시 따르기 지도하는 동안 침 뱉는 행동은 저절로 사라짐) | | |
| 기타<br>(아동의 특성) | • 아침저녁으로 간질약 복용 중<br>• 재활치료(물리치료, 작업치료) 받은 적 없음 | | |

## II. 치료 과정
1. 지시 따르기 훈련
2. 쌀밥 먹기를 거부하는 편식 치료

제2부 동영상 4
지적장애 소년의 쌀밥 거부 편식치료

### 1. 지시 따르기 훈련: 통 속에 적목 넣기

| 장기 목표: 언어적 지시만으로 통 속에 적목 넣기 | | | | |
|---|---|---|---|---|
| 훈련 단계 | | | 단계별 수행 방법 | 단계별 성공 조건 |
| 적목 1개를 통 속에 넣기 | 3단계 지시 따르기 | 1단계 | 언어로 "재기야, 이것 통 속에 넣어" 라고 지시하기 | 아동이 1개의 적목을 연속해서 3회 수행하면, 적목 2개를 넣게 하고 점진적으로 적목 수를 늘림 |
| | | 2단계 | (5초 내에) 시행하지 않을 경우 언어 지시와 함께 손짓하기 | |
| | | 3단계 | 2단계에서도 시행하지 않으면 아동의 팔을 잡고 강제로 넣게 함 | |
| 적목 2~10개를 연속적으로 통 속에 넣기 | 3단계 지시 따르기 | 1단계 | 언어로 "재기야, 이것 통속에 넣어" 라고 지시하기 | |
| | | 2단계 | (5초 내에) 시행하지 않을 경우 언어 지시와 함께 손짓하기 | |
| | | 3단계 | 2단계에서도 시행하지 않으면 아동의 팔을 잡고 강제로 넣게 함 | |

재기는 운동기능에 장애가 없고, 인지 기능이 적어도 2세 이상 수준으로 의사소통이 어느 정도 가능하기 때문에 편식 지도에 앞서 적목 넣기와 같은 간단한 과제로 지시 따르기 지도를 시도했다. 그러나 다음과 같은 문제행동을 일으켜 이 방법으로는 지시 따르기 지도를 할 수 없었다.

(1) 처음에 3단계 지시 따르기 방법을 통해 적목을 통에 넣도록 했으나 무조건

적목을 집어던졌다.

(2) 치료사가 재기의 손을 잡고, 적목 1개를 쥐게 한 다음,

적목 넣을 통 위쪽으로 재기의 팔을 끌어당겨,

재기가 손에서 적목을 놓아 통에 떨어뜨리도록 시도했으나,

적목 쥔 손을 펴지 않은 채 1분 이상 계속 쥐고 있거나,

손에 쥔 적목을 내던졌다.

(3) 현재 재기가 적목을 넣을 수는 있으나 지시를 강하게 거부하기 때문에 조건부 운동(동영상 15 '조건부 운동' 참조, p.40) 방법을 사용해서 '적목 넣기' 지시 따르기 수행을 다음과 같이 변경하였다.

---

**조건부 운동 방법을 통한 '적목 넣기' 지시 따르기 지도**

(1) 책상 위에 두 개의 통을 올려놓음
  - 오른편 통에는 적목 한 개를 넣고
  - 왼편 통은 빈 통으로 둠
(2) 재기에게 오른편 통에 있는 적목 한 개를 왼편 통에 넣으라고 손짓과 함께 지시함
  이때 재기가 적목을 집어던지거나 지시를 따르지 않으면
  - 오른편에 적목 30~80개가 담긴 통을 놓고
  - 왼편에 있는 빈 통을 놓은 상태에서
(3) 치료사는 재기의 손을 잡고 강제로 오른편 통에 있는 적목을 왼편 통 속에 넣게 함
(4) (3)의 과정을 오른편 통이 다 빌 때까지 적목 넣기를 빨리빨리 진행시킴(쉴 새 없이 강제로, 계속 진행시켜야 함.)
(5) 다시 처음으로 돌아가서, 책상 위에 두 개의 통을 올려놓고 오른편 통의 적목 한 개를 왼편의 빈 통에 넣으라고 지시함
(6) 이때 적목을 넣지 않거나 집어던지면, 다시 조건부 운동을 시킴
  - 오른편 통에 적목을 채운 후 강제로 적목 옮겨 넣기를 시도함
(7) 재기의 '적목 넣기 저항'이 어느 정도 감소된 후, 적목수를 20~30개로 줄여서 시도함
  이때는 치료사가 강제로 적목을 옮기게 하되 가능하면 재기가 적목을 손으로 잡도록 유도하고, 적목 넣는 속도도 늦춤
(8) 재기의 "적목넣기 저항"이 가라앉은 후 다시 3단계 지시 따르기 방법으로 적목 넣기를 수행함
  (이때 칭찬과 보상을 많이 줌)

## 2. 쌀밥 먹기를 거부하는 편식치료

| 장기 목표 | 단기 목표 | 활동(activity) | 단계별 성공조건 |
|---|---|---|---|
| 1단계 | | 치료사가 주는 다섯 종류의 음식(탄수화물, 단백질, 야채, 과일, 국) 먹기 | 자발적 식사의 비율이 80% 이상 |
| 2단계 | | 치료사가 주는 비빔밥 먹기 | |
| 3단계 | | 자발적으로 비빔밥 먹기 | |
| 4단계 | | 평소의 식사 환경에서 생활지도 교사 감독하에 비빔밥 먹기 | |
| 5단계 | | 평소의 식사 환경에서 자발적으로 비빔밥 먹기 | |
| 6단계 | | 평소의 식사 환경에서 자발적으로 밥과 반찬을 가리지 않고 먹기 | |

**식사 지도 선택 배경**
① 독립적인 식사는 가능하나 쌀밥을 먹지 않고 국과 반찬만 먹음
② 삼키지 않고 입안에 남은 음식물을 뱉음
③ 연령에 비해 왜소한 체구

**치료 전 평가**
① 네 종류 음식을 순차적으로 먹인 후 쌀밥을 마지막으로 먹임(쌀밥에 대한 거부 심함)
② 잘 먹는 고기와 쌀밥을 섞어서 먹임(쌀밥 섞는 것을 보면 먹는 것을 거부함)
  쌀밥과 반찬을 따로 먹이는 것과 비빔밥으로 먹이는 것 중 어느 것으로 먼저 치료할 것인지 결정하기 위해 실시한 것임

**준비물**
- 음식물: 탄수화물, 단백질, 야채, 과일, 국
- 도구: 앞치마 2개, 쟁반 2개, 저울(그램 단위 측정이 가능한 것), 숟가락(나무 또는 플라스틱 재료), 컵 3개, 그릇 5개, 의자 2개, 보상 테이블 2개, 치료사용 팔토시

**음식양 측정** 먹기 전과 후의 남긴 음식 무게(g)을 측정함
**자세** 의자에 치료사와 마주 앉음(재기의 저항에 대비해서 재기 좌우에 보조자가 대기함)
**지도 방법**
- 치료 준비
  - 아동이 먹을 반찬과 국, 쌀밥을 각각의 그릇에 담음
  - 순서를 정해 놓고 음식을 한 종류씩 먹임
  - 네 종류의 음식을 각각 먹이고 쌀밥을 나중에 먹임(1 사이클)
- 실시 방법
  - 치료사가 숟가락에 음식을 1/2 정도 담아서 재기 입 앞 5cm 거리에 가져감
  - 자발적으로 음식을 먹을 경우 바로 과장해서 칭찬해 주고, 음식을 삼키면 보상(우유, 주스)을 줌
  - 거부할 경우 엄지와 검지로 양 볼(어금니가 만져지는 곳)을 세게 눌러 강제로 입을 벌려서 음식을 넣음
  - 뱉거나 토한 음식은 즉시 숟가락에 담아(또는 손으로) 강제로 입에 넣음
  - 다시 뱉을 경우 인중과 턱을 잡고 아래 위로 눌러서 입을 다물게 함
  - 씹지 않고 계속 입안에 넣은 채로 있을 경우에도 계속해서 다음 차례의 음식을 먹임
    아동이 몸부림치며 저항할 것에 대비해서 아동 뒤에 두 명 이상의 보조자를 배치한다. (한 명은 머리와 어깨를 고정시키고, 다른 한 명은 팔과 몸통을 감싼다.)

## Ⅲ. 결과

- 재기는 쌀밥을 일절 거부하고 수년간 고기와 야채와 국 종류만으로 식사를 하는, 편식이 심한 아동이었다.
- '쌀밥 먹기' 식사 지도 초기에는 야채, 과일, 고기 종류는 주는 대로 받아 먹었지만 쌀밥을 먹이려고 하면 완강히 저항하는 바람에 두 사람 이상이 재기를 붙들어 강제로 쌀밥을 먹였다.
- 초기에는 쌀밥이 들어가면 삼키지 않고 입안에 넣은 채로 있다가, 치료사가 계속 넣어 주는 야채 고기 등과 함께 뱉어냈다.
- 이때 뱉은 음식물을 강제로 재기 입안에 도로 넣었다. 초기에는 아동이 저항이 심한 상태에서 뱉어낸 음식을 강제로 다시 먹이다 재기가 사레에 걸릴 뻔했다. 뱉은 음식량이 너무 많을 때는 그중 일부만 강제로 다시 먹임으로써 뱉어 내도 소용이 없다는 것을 알게 하였다.
- 다행히 재기가 우유를 좋아해서 싫어하는 쌀밥을 먹게끔 유인하는 데 우유가 큰 도움이 되었다.
- 초기에는 쌀밥에 대한 저항이 컸지만 치료 중반부터는 저항 없이 쌀밥을 잘 먹었다.
- 치료의 일반화를 위해 식사 장소를 치료실에 거실로 옮겼을 때, 그리고 치료사가 재기의 생활지도 교사로 바뀌었을 때 처음에는 다시 저항했다. 그러나 저항해도 소용없다는 것을 깨닫고부터는 쌀밥 식사를 잘했다.
- '재기 혼자 스스로 쌀밥 먹기' 목표는 시간이 모자라 수행하지 못하였다. 현재는 비빔밥을 주면서 생활지도 교사가 옆에서 먹으라고 말하면 순순히 먹는 정도이다.

# 사례 5 | 지적장애 아동의 자해 행동 치료

## I. 일반적 정보

| | | | |
|---|---|---|---|
| 발달 정보 | 이름(성별) | 재훈(남) | |
| | 생활연령 | 8세 | |
| | 발달연령 | 2세 | |
| | 진단명 | 결절성 경화증, 지적장애 1급, 자폐 | |
| 발달연령 | 인지 | 2~3세 수준 | |
| | 운동 | 8세 수준 | |
| | 의사소통 | 2세 수준 | |
| | 사회성 | 2세 수준 | |
| 기능 수준 | 신변처리 | 먹기 | 입원 시 의존적<br>편식이 심함<br>국에 말은 밥만 먹음 |
| | | 입기 | 의존적 |
| | | 씻기 | 의존적 |
| | | 대소변 관리 | 약간의 도움이 필요함 |
| | 운동 | 대근육 운동 | 좋음 |
| | | 소근육 운동 | 좋음 |
| | 의사소통 | • 소리언어는 불가능하나 손짓으로 일부 가능<br>• 수용언어는 간단한 지시를 이해할 정도 | |
| | 사회성 | 어려움 | |
| | 놀이활동 | 상호적 놀이는 어려움, 혼자 놀이기구 타는 것을 즐김 | |
| 좋은 점 | • 운동기능이 잘 발달됨<br>• 간단한 지시 이해 가능함 | | |
| 문제행동 | • 심한 자해 행동(손으로 때리고, 발로 차고, 머리를 벽에 박음)<br>• 물건 파손(장난감이나 기물 집어던짐)<br>• 공격 행동(주위 사람을 손과 발로 때림) | | |
| 기타<br>(아동의 특성) | 간질약 복용 경험 있음 | | |

이 연구는 1989년 당시 문교부의 학술연구조성비 지원을 받아 진행되었음

## II. 치료 과정

1. 문제행동의 종류: 파괴행동, 공격행동, 자해 행동
2. 문제행동의 조작적 정의
3. 문제행동의 원인 평가
4. 문제행동 치료
5. 일반화 과정

**제2부 동영상 5**
지적장애 아동의 자해 행동 치료

### 1과 2. 문제행동의 종류 및 조작적 정의

| 종류 | 조작적 정의 |
|---|---|
| 파괴 행동 | • 물건이나 가재도구 집어던지기<br>• 물건이나 가재도구 밀어 넘어뜨리기<br>• 발로 물건 차기 |
| 공격 행동 | • 주먹으로 때리기<br>• 발로 차기 |
| 자해 행동 | • 손으로 귀 때리기<br>• 손으로 얼굴이나 머리 등 때리기<br>• 머리를 벽이나 바닥에 부딪기<br>• 손이나 발로 바닥이나 벽 치기<br>• 한쪽 발로 다른 다리 차기 |

### 3. 문제행동의 원인 평가

치료에 앞서 문제행동의 원인과 발생 정도를 파악하기 위해 일반 환경인 병실, 놀이실, 그리고 통제된 환경인 치료실에서 문제행동 자료를 수집하였다.

평가 장소
(1) 놀이실
- 놀이실은 6x5m 크기의 방으로 치료실에 인접
- 캐비닛, 긴 탁자, 장난감, 진열대, 풍금, 미끄럼틀, 일인용 책상 및 의자들, 거울 등이 산만하게 배치되어 있어서 집어던질 물건이 많이 있는 넓은 공간

(2) 병실
- 3x4m 크기의 독방으로 침대 한 개, 탁자 한 개, 응접의자 세 개가 있다.
- 놀이실, 치료실과 별개의 건물에 위치

(3) 치료실
- 2x4m 크기의 방
- 치료실 밖에서 아동의 행동을 관찰할 수 있도록 단방향 거울을 설치
- 머리를 부딪는 아동의 자해 행동 때문에 벽에는 스티로폼을 붙이고 바닥엔 양탄자를 깔았다.
- 다섯 개의 문제행동 평가 조건을 만들어 조건별로 문제행동을 수집

평가 조건
각 평가 내용은 다음과 같다.
(1) 고립 조건
- 치료실에 장난감이나 가구가 없는 상태에서 아동 혼자 있게 한다.
(2) 장난감 놀이 조건
- 치료실에 책상 한 개와 장난감을 넣어 주고 아동 혼자 있게 한다.
(3) 제지 조건
- 책상 위에 장난감과 좋아하는 과자를 놓아두고 아동이 장난감을 집어던지거나 과자를 집으려고 할 때마다 치료사가 아동의 행동을 제지한다.
(4) 요구 조건

— 치료사가 아동에게 블록(적목)을 통 속에 넣거나 바닥에 있는 장난감을 책상 위에 놓도록 요구한다.
— 이때 아동이 자해나 공격 행동을 하면 치료사는 "안 그럴게"라고 말하면서 지시를 즉시 멈추고
— 5~10초 기다린 후 다음 지시를 내린다.

(5) 관심 조건
— 치료실에 책상이나 장난감을 넣어주고, 아동이 문제행동(자해, 공격, 파괴 행동)을 보일 때마다 치료사가 그러지 말라고 타이르면서 관심을 준다.


평가 결과
— 위의 평가 조건은 1회기에 15분씩, 하루에 4~8회를 10일 동안 실시하였다.
— 물건 던지기와 파괴 행동은 고립 조건이나 장난감 놀이 조건에서는 별로 나타나지 않았고, 관심 조건에서는 많이 나왔다.
— 공격과 자해 행동은 제지 조건과 요구 조건에서 많이 나왔다.
— 파괴 행동은 주위로부터 관심을 얻을 때 더 자주 나왔고, 공격이나 자해 행동은 하고 싶은 대로 안 될 때, 또는 하기 싫은 일을 시킬 때 현저히 많이 나왔다.


4. 문제행동 치료
— 아동의 문제행동 치료는 〈치료 i〉과 〈치료 ii〉의 두 단계로 나누어 실시되었다.
— 〈치료 i〉에서는 파괴 행동을, 〈치료 ii〉에서는 자해와 공격 행동을 치료하였다.
— 물건을 집어던지는 상황에서는 어떤 학습도 할 수 없기 때문에 물건 집어던지는 행동을 먼저 치료한 후, 자해와 공격 행동을 치료하였다.

| 〈치료 ⅰ〉 파괴 행동의 치료 ||
|---|---|
| 치료 기법 ||
| 3단계 지시 따르기 훈련법 | — 말로 지시를 내린 후 5초 안에 수행하지 않으면 손짓으로 다시 지시함<br>— 이때도 5초 안에 지시를 수행하지 않으면 아동의 손을 잡고 강제로 지시를 수행시킴 |
| 보조법 | — 과제를 지시한 후 말로 힌트를 주거나 신체적 접촉을 통해 도움을 주면서 과제를 수행시킴 |
| 동작억압 고립 | — 문제행동을 보일 때 즉시 구석으로 데리고 가서 벽을 향해 세우고, 치료사가 뒤에서 벽 쪽으로 아동을 밀거나 미리 구석을 향해 놓아둔 의자에 아동을 앉히고 어깨를 누름<br>— 이때 주의할 점은 고립 상태에서 아동이 장난을 치지 않도록 아동의 움직임을 철저히 차단함<br>— 1회 고립 시간은 10~15초가 적당함 |
| 보상 | — 지시를 잘 따르면 좋아하는 보상, 즉 칭찬, 쓰다듬기, 피자, 토큰 등을 줌<br>— 3단계 지시 따르기 훈련법을 차례대로 사용함<br>— 보상은 언어적 지시와 손짓 지시의 단계에서만 먹거리를 제공함<br>— 치료가 잘 진행되면 보상으로 토큰을 사용함 |
| 토큰 훈련 | — 토큰 훈련은 2단계로 진행됨<br>— 첫 단계는 토큰의 가치를 가르쳐 주기 위한 훈련임<br>— 아동이 차고 있는 토큰 주머니에 토큰을 미리 넣은 후, 아동이 간식을 원할 때 토큰을 내라고 말한 후, 토큰과 과자를 교환함<br>— 이 훈련은 토큰 교환을 혼자서 완전히 해낼 때까지 계속함<br>— 이후에는 보상으로 과자 대신 토큰을 사용하는 훈련을 함<br>— 과제를 수행하면 토큰을 준 후 그 토큰과 과자를 교환함<br>— 토큰 교환에 어느 정도 익숙해지면 토큰 2~3개를 모을 때까지 기다린 후 먹거리와 바꾸게 함 |
| 과잉 정정 | — 물건을 집어던지면 즉시 구석으로 데려가 15초 동안 고립시킨 후 물건을 제자리에 갖다 놓게 함<br>— 이때 치료사가 물건을 집으라고 엄하게 지시하고, 즉시 아동의 손을 잡고, 강제로 물건을 집게 함 |
| 소거 | — 현재의 목표행동, 즉 물건을 밀치거나 집어던지는 행동 이외의 모든 문제행동은 철저히 무시함<br>— 치료 중 아동이 치료사에게 공격 행동을 해도 아무 일도 없었던 것처럼 하던 치료를 계속함 |
| 보호장구 사용 | — 재훈이는 심한 자해 행동(특히 왼쪽 귀를 많이 때림)으로 귀의 모양이 기형이 됨<br>— 현재는 물건 던지는 행동만 치료하기 때문에 자해 행동은 통제할 수 없음<br>— 따라서 아동의 신체적 손상을 막기 위해 머리에 태권도용 헬멧을 착용 시키고, 치료실 벽에 스티로폼을 붙이고, 바닥에 양탄자를 깐 후 치료를 실시함 |

| 치료 과정 |
|---|
| − 파괴 행동의 치료는 치료실에서만 실시하고, 치료가 잘 진행된 후 놀이실과 병실로 확대함<br>− 치료는 15분 단위로 하루에 4~8회(평균 6회), 1주일에 6일 실시함<br>− 치료실에는 1인용 책상 1개와 의자 4개를 배치함<br>− 의자 2개는 각각 아동과 치료사용으로, 다른 1개는 보상 물건을 놓아두는 선반용으로, 나머지 1개는 문제행동 통제를 위한 '고립용'으로 사용함<br>− 아동이 제멋대로 돌아다니거나 의자에서 일어나는 것을 방지하기 위해, 책상을 양 벽이 만나는 모퉁이에 삼각형 모양으로 배치하고, 의자는 안쪽 구석에 배치함<br>− 고립용 의자는 책상에서 2m 떨어진, 양 벽면이 만나는 구석을 향해 삼각형 형태로 배치함<br>− 치료 시작 전에 학습 과제물 준비, 의자 배치, 보상 준비, 헬멧 착용 등을 완벽하게 준비한 후 아동을 들어오게 함<br>− 치료사가 3단계 지시 따르기 훈련법을 사용하여 치료하는 동안 아동이 지시대로 따르면 보상을 주고, 물건을 집어던지면 즉시 아동을 강제로 일으켜 고립용 의자에 15초간 앉힘<br>− 고립은 파괴 행동 발생 시에만 적용함. 고립 시 아동이 마음대로 움직이지 못하도록 철저히 통제함<br>− 일단 고립 시간(15초)이 끝나면 치료사는 아무 일도 없었던 것처럼 부드러운 목소리로 아동에게 책상에 가서 앉으라고 지시함<br>치료가 놀이실과 병실로 확대되었을 때는 파괴, 공격, 자해 행동 모두가 통제 대상이 됨 |

| 〈치료 ii〉 자해 및 공격 행동의 치료 |
|---|

〈치료 ii〉에서는 파괴 행동 치료를 위해 〈치료 i〉에서 사용된 응용행동분석 방법이 그대로 적용됨
〈치료 ii〉에서 부분적으로 변경되거나 보강된 방법은 다음과 같음

| 치료 기법 | |
|---|---|
| 동작억압 고립 | − 공격이나 자해 행동이 발생할 때 의자 고립법과 더불어 바닥 고립법을 사용함<br>바닥 고립법은 문제행동 발생 즉시 실시할 수 있는 장점이 있음<br>− 의자 고립법을 사용할 때는, 재훈이가 고립 상태에서 자신의 귀를 때리는 것을 방지하기 위해 치료사 A는 아이의 팔을 잡고, 치료사 B는 아동의 다리를 억압함<br>− 바닥 고립법에서는 아동을 바닥에 엎드리게 한 상태에서, 치료사가 두 다리로 아동의 다리를 움직이지 못하게 누르고, 아동의 양팔을 등 뒤로 교차시켜 팔을 움직이지 못하게 함 |
| 억압장구 | − 문제행동의 발생을 최소화하고 보상의 기회를 최대화하기 위해 자신의 귀를 때리는 동작을 막는 억압 장구로 팔걸이를 사용함<br>− 이 장구는 마분지로 만든 튜브 모양(프링글스통)으로, 아동의 양팔에 끼우고 이 팔걸이가 흘러내리지 않도록 끝부분에 끈을 달아 헬멧에 연결해 사용함<br>− 이 팔걸이를 양팔에 낀 상태에서 아동은 팔을 굽힐 수 없을 뿐 상하로는 자유로이 움직일 수 있기 때문에 팔걸이의 착용이 과제 수행에 지장을 주지 않음 |

| 차등 보상 | — 차등 보상법은 치료 목표인 문제행동 이외의 바람직한 모든 행동을 집중적으로 보상해 주는 방법임<br>— 치료 효과의 유지 및 치료실 이외에서 실시하는 치료의 일반화를 위해 많이 쓰임<br>— 〈치료 ii〉에서는 놀이실 외의 일반생활 환경에서 토큰을 사용하여 문제행동을 통제하면서 좋은 행동을 보상해 줌 |
|---|---|
| 치료 과정 | |

- 〈치료 i〉과정은 자해 및 공격 행동을 치료하기 위한 것이지만 이 치료 동안 파괴 행동이 발생할 때에도 의자나 바닥 고립법을 적용함
- 〈치료 ii〉과정의 초기에는 자해 및 공격 행동을 치료실에서만 집중적으로 치료하지만 문제행동이 감소되면 놀이실로 옮겨 치료를 계속함
- 놀이실에서 문제행동이 어느 정도 감소하면 일반 환경으로 옮겨 치료를 2주간 실시함
- 〈치료 ii〉과정의 치료 내용은 〈치료 i〉에서와 거의 같음. 그러나 〈치료 ii〉에서는 〈치료 i〉에서 수행했던 과제를 자유로운 분위기에서, 그리고 앉아서 하기보다는 움직이는 동적인 상태에서 진행하는 것이 특징임
- 문제행동은 항상 15분 단위로 치료함
- 차등 보상 실시에서 보상으로 얻은 토큰을 교환할 수 있도록 놀이실 한쪽에 먹거리가 진열된 토큰 교환대를 설치함
- 아동이 토큰을 교환하고 싶을 때는 스스로 토큰 교환대에 가서 먹을 것과 교환하도록 함

공격 행동은 자해 행동을 치료하는 동안 전혀 발생하지 않아, 공격 행동 치료 프로그램을 따로 진행하지 않았음

5. 일반화 과정: 치료 종료 후 부모 훈련
   — 일반 환경으로 치료가 확대된 지 2주 만에 모든 치료가 종료되었다.
   — 치료 종료 1주일 전에 사흘 동안 아동의 보호자가 놀이실 및 병실 치료에 참여해서 치료법을 배웠다.
   — 부모 훈련 내용은 주로 차등 보상 사용법, 문제행동 발생 시 의자와 바닥 고립 사용법, 토큰 교환법 등에 관한 것이었다.

## III. 결과

1회기 15분 단위의 총 치료 횟수는, 11주 입원 치료 기간 중 674회였다. 치료실에서 116회, 놀이실에서 225회, 그리고 일반 환경에서 333회였다. 치료가 끝난 후 집에서 1개월에 1회씩 4개월간 위의 세 가지 문제행동을 추적 관찰하였는데, 파괴와 공격 행동은 전혀 나타나지 않았고, 자해 행동은 15분 동안 0.1회 정도로 나타났다.

- 아동의 문제행동인 파괴, 공격, 자해 행동 치료를 위해 여러 가지 응용행동 분석 방법이 병용되었는데 가장 핵심이 되는 치료법은 3단계 지시 따르기 훈련법과 동작억압 고립법이었다.
- 파괴 행동 치료를 처음 시작했을 때 지시 따르기 비율은 평균 15%이었는데(범위: 5~35%), 시간이 지남에 따라 지시 따르기 비율이 70%(범위: 0~100%)로 향상되었다.
- 통제된 환경인 치료실에서의 문제행동 발생은 크게 줄어들었다. 파괴 행동은 치료 전에는 1회 치료 시간인 15분 동안 평균 80.3회, 치료 후엔 평균 2.0회 이고, 자해 행동은 치료 전에는 15분에 평균 74.6회, 치료 후엔 평균 6.9회였다.
- 놀이실과 일반 환경에서의 치료 결과는 세 가지 행동 모두 좋은 치료 결과를 보였다. 특히 자해 행동은 치료가 끝나갈 무렵에는 15분당 0에서 1~2회 정도 발생했는데, 손가락으로 머리나 턱을 살짝 건드리는 정도의 가벼운 동작이었다.

〈표 2부 -1〉 파괴, 자해, 공격 행동의 치료 전후 비교

단위 : 15분당 빈도

| 장소 | 행동 | 치료 전 | | | 치료 후 | | |
|---|---|---|---|---|---|---|---|
| | | 평균 | 간격 | 치료 횟수 | 평균 | 간격 | 치료 횟수 |
| 치료실 | 파괴 | 80.3 | 1~291 | 20 | 2 | 0~8 | 116 |
| | 병실 | 3.2 | 0~39 | 36 | 0.2 | 0~0.9 | 73 |
| | 집 | 74.6 | 0~668 | 36 | 6.9 | 1.3~21.6 | 73 |
| 놀이실 | 파괴 | 32.6 | 4~76 | 5 | 0.4 | 0~3 | 225 |
| | 공격 | 5.1 | 0~16 | 5 | 0.1 | 0~0.5 | 225 |
| | 자해 | 180.4 | 44~334 | 5 | 2.8 | 0.2~6.4 | 225 |
| 병실 | 파괴 | 38.6 | 10~67 | 5 | 0.06 | 0~0.3 | 333 |
| | 공격 | 7 | 1~22 | 5 | 0.04 | 0~0.2 | 333 |
| | 자해 | 96.2 | 54~175 | 5 | 1.3 | 0.4~3.6 | 333 |
| 집 | 파괴 | | | | 0 | 0 | 16 |
| | 공격 | | | | 0 | 0 | 16 |
| | 자해 | | | | 0.1 | 0~2 | 16 |

부록 I
# 지시 따르기와
# 인지 학습 지도에 적합한 과제

부록 I은 정보인, 유은영 저 《발달장애 영유아 바로 키우기》
(교육과학사, 2010) 제11편 제 II장 '인지'에서 발췌한 것임.

# 차례

## 부록 I 지시 따르기와 인지 학습 지도에 적합한 과제

### I. 지시 따르기에 적합한 과제와 지도 과정

1. 간단한 과제 수행하기 … 130
   **1) 통 속에 물건 넣기** … 130
   (1) 주둥이가 넓은 통에 물건 넣기
   (2) 고리대에 고리 걸기
   (3) 병 속에 건포도 넣기

   **2) 소리 나는 장난감 버튼 누르기** … 135

2. 지시 따르기 … 137
   **1) 1단계 지시 따르기** … 137
   (1) 책상 위에 놓인 장난감 집어오기
   (2) 접시에 있는 과자 집어주기

   **2) 2단계 지시 따르기** … 140
   (1) 1m 떨어져 있는 장난감 가져오기
   (2) 식탁 위에 있는 컵 가져오기
   (3) 휴지통에 휴지 버리고 오기

   **3) 3단계 지시 따르기** … 146
   (1) 주전자의 물을 컵에 따르고 치료사에게 물컵 주기
   (2) 접시에 과일 담아오기

3. 퍼즐 맞추기 … 150
   **1) 한 조각으로 된 퍼즐 맞추기** … 150
   (1) 동그라미 퍼즐 블록 맞추기
   (2) 다양한 동물 퍼즐 맞추기
   (3) 3~5개 조각으로 된 과일 퍼즐의 한 조각 맞추기

   **2) 문자·숫자 퍼즐 맞추기** … 155
   (1) 한 글자 퍼즐에서 빠진 자모 맞추기
   (2) 두 글자 퍼즐에서 빠진 글자 맞추기
   (3) 숫자 퍼즐 맞추기

   **3) 4~5조각 퍼즐 맞추기** … 160

## Ⅱ. 인지 학습 지도에 적합한 과제와 지도 과정

### 1. 도형 인식 · 162

**1) 한 개의 도형 맞추기** · 162
(1) 동그라미 블록 한 개 있는 도형 퍼즐 맞추기
(2) 동그라미와 다른 도형 구별하기
(3) 동그라미 블록과 동그라미 그림카드 짝짓기
(4) 동그라미 그림카드끼리 짝짓기

**2) 세 개의 도형 구별하기** · 168
(1) 동그라미, 세모, 네모 블록으로 구성된 도형 퍼즐 맞추기
(2) 동그라미, 세모, 네모 블록 집어주기
(3) 동그라미, 세모, 네모 블록과 동그라미, 세모, 네모 그림카드 짝짓기
(4) 동그라미, 세모, 네모 그림카드끼리 짝짓기

**3) 도형 분류하기** · 175
(1) 여러 도형 블록 가운데 같은 도형 찾기
(2) 여러 도형 카드 가운데 같은 도형 찾기

### 2. 색깔 인식 · 179

**1) 빨강** · 179
(1) 빨강끼리 짝짓기 (2) 같은 색끼리 분류하기

**2) 노랑** · 182
(1) 노랑끼리 짝짓기 (2) 같은 색끼리 분류하기

### 3. 숫자 인식 · 187

**숫자 '1' 인식하기** · 187
(1) '1' 하나만 있는 숫자 퍼즐 맞추기
(2) 숫자 카드 '1'끼리 짝짓기

### 4. 수 개념 · 191

**'하나' 개념 학습하기** · 191
(1) 사탕 한 개 가져다 놓기
(2) 사탕 한 개와 숫자 카드 '1' 짝짓기
(3) 사과 한 개 그려진 그림카드와 숫자 카드 '1' 짝짓기

# Ⅰ. 지시 따르기 지도에 적합한 과제와 지도 과정

## 1. 간단한 과제 수행하기

### 1) 통 속에 물건 넣기
(1) 주둥이가 넓은 통에 물건 넣기
⊙ 준비물
- 주둥이가 넓은 통(지름 약 15cm, 깊이 약 5cm)
- 아동이 잡기 쉬운 크기의 블록(3x3x3cm) 5개
- 책상
- 의자


⊙ 준비 조건
- 주위를 산만하지 않게 정돈하기
- 책상 위에 통과 블록 준비하기
- 의자에 아동 앉히기
- 치료사가 지시 내리기 전에 아동이 블록을 만지지 못하게 통제하기
- 통은 아동의 정면에 15cm가량 떨어져 두기
- 치료사가 아동의 손에 블록 한 개 쥐여주기


⊙ 지도 방법
- 아래의 단계에 따라 실시한다.

**단계 1: 아동이 치료사가 쥐여준 블록 넣기**
① 시범 보이기
② 아동의 손에 블록 쥐여주기

③ 아동의 손을 잡고 블록을 통에 넣기
④ 보상 주기
⑤ 여러 번 성공하면 다음 단계로 넘어가기

단계 2: 아동의 손을 블록에 갖다 대어주고 블록을 넣게 하기
① 아동 손을 블록에 갖다 대어주기
② 아동이 블록을 통에 넣기

단계 3: 아동 혼자서 블록 넣기(블록과 통의 거리는 10cm)
① 아동이 스스로 시도하지 않으면 팔꿈치를 밀어주기
② 아동이 블록을 통에 넣기

⊙ 더 쉽게 하려면
— 손잡고 넣기 반복하기
— 투명한 통 사용하기
— 주둥이가 더 넓은 통 사용하기

⊙ 더 어렵게 하려면
— 도움의 양을 줄임
— 주둥이가 좁은 통 사용하기
— 다양한 도형 모양의 구멍이 있는 통에 같은 모양의 물건 넣기

(2) 고리대에 고리 걸기
⊙ 준비물
— 고리 끼우는 고리대 1개(높이 약 30cm)
— 고리(지름 약 10cm) 5개

— 책상
— 의자

◉ 준비 조건
— 책상 위에 고리대 올려놓기(아동 앞에 약 20cm 떨어져 놓기)
— 의자에 아동 앉히기
— 고리는 치료사가 들고 있기
— 아동이 책상 위의 고리대를 만지지 못하게 통제하기

◉ 지도 방법
단계 1: 아동 손에 고리를 쥐여주어 걸게 하기
① 시범 보이기
② 아동의 손에 고리 쥐여주기
③ 아동의 손을 잡고 고리를 걸어주기
④ 보상 주기
⑤ 여러 번 성공하면 다음 단계로 넘어가기

단계 2: 아동의 손에 고리를 갖다 대어주고 고리 걸게 하기
① 고리에 아동의 손을 갖다 대어주기
② 아동이 고리를 고리대에 걸기

단계 3: 아동 혼자서 고리 걸기
① 아동이 스스로 시도하지 않으면 팔꿈치를 밀어주기
② 아동이 고리를 고리대에 걸기

⊙ 더 쉽게 하려면
— 아동의 손을 잡고 반복하기
— 고리대의 높이를 낮게 하기
— 지름이 긴, 더 큰 고리를 사용하기


⊙ 더 어렵게 하려면
— 도움의 양을 줄임
— 한 번에 여러 개의 고리 끼우기
— 고리대의 높이를 높게 하기
— 지름이 짧은 고리를 사용하기


(3) 병 속에 건포도 넣기
⊙ 준비물
— 투명한 병 1개(병 주둥이 지름이 약 2cm)
— 건포도(5~10개)
— 책상
— 의자


⊙ 준비 조건
— 책상 위에 병 올려놓기
— 병은 아동의 앞에 약 15cm 떨어져 놓기
— 건포도는 치료사가 갖고 있다가 하나씩 주기
— 치료사가 지시하기 전에 아동이 건포도나 병을 만지지 못하도록 통제하기
— 치료사가 한 손으로 병을 고정시키기
— 아동 손에 건포도 한 개 집어주기

◉ 지도 방법

**단계 1: 아동의 손에 건포도를 쥐여주어 병에 넣게 하기**
① 시범 보이기
② 아동의 손에 건포도 쥐여주기
③ 아동의 손을 잡고 건포도를 병 속에 넣기
④ 보상 주기
⑤ 여러 번 성공하면 다음 단계로 넘어가기

**단계 2: 아동의 손을 건포도 가까이에 끌어 건포도를 넣게 하기**
① 건포도 가까이에 아동의 손을 끌어주기
② 아동이 스스로 건포도를 집어 병 속에 넣기

**단계 3: 아동 혼자서 건포도를 병 속에 넣기**
① 아동이 스스로 시도하지 않으면 팔꿈치를 밀어주기
② 아동이 건포도를 집어 병 속에 넣기

◉ 더 쉽게 하려면
— 손잡고 여러 번 반복하기
— 병 주둥이가 넓은 것 사용하기
— 건포도보다 더 큰 물건 사용하기

◉ 더 어렵게 하려면
— 도움의 양을 줄임
— 한 번에 건포도 여러 개 넣기

## 2) 소리 나는 장난감 버튼 누르기

◉ 준비물
— 동물소리 상자(버튼에 따라 여러 동물의 소리가 다르게 나는 상자)
— 책상
— 의자
— 수건

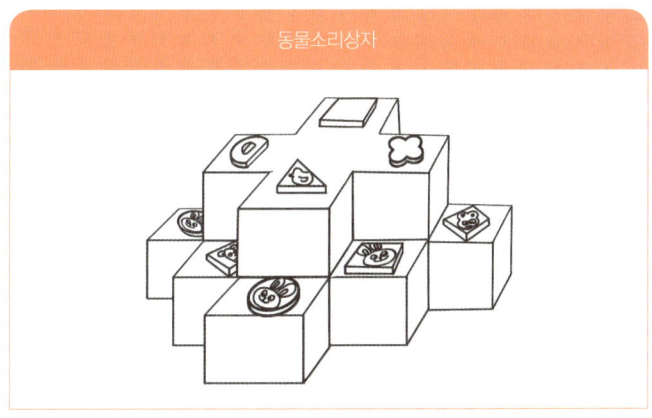

동물소리상자

◉ 준비 조건
— 책상 위에 동물소리 상자 놓기
— 의자에 아동 앉히기
— 치료사가 지시하기 전에 아동이 소리상자를 만지지 못하도록 통제하기
— 아동이 버튼 한 개만 누르도록 다른 버튼은 수건으로 가리기
— 치료사는 아동의 한 손을 잡고 버튼 누를 준비 시키기

◉ 지도 방법
**단계 1: 치료사가 아동의 손을 잡고 함께 버튼 누르기**
① 시범 보이기
② 아동의 손을 잡고 버튼 눌러주기

③ 보상 주기
④ 여러 번 성공하면 다음 단계로 넘어가기

**단계 2: 아동의 손을 동물소리 상자 위에 놓아주고 버튼 누르게 하기**
① 아동의 손을 동물소리 상자 위에 놓아주기
② 아동이 동물소리 상자 버튼 누르기

**단계 3: 아동의 손을 버튼 가까이 끌어 누르게 하기**
① 아동의 손을 버튼 가까이 끌어주기
② 아동이 동물 소리 상자를 누르기

**단계 4: 아동 혼자 동물소리 상자 버튼 누르기**
① 아동이 스스로 시도하지 않으면 팔꿈치를 밀어주기
② 아동이 동물소리 상자의 버튼 누르기

**단계 5: 동물 이름을 말하면 동물소리 상자의 해당 버튼 누르기**
① 동물 이름을 말하면서 버튼을 누르라고 말하기
② 아동이 동물 이름에 해당하는 버튼 누르기

◉ 더 쉽게 하려면
  − 도움의 양을 늘림
  − 누르기 쉬운 맨 위쪽의 동물 버튼을 누르게 하기

◉ 더 어렵게 하려면
  − 도움의 양을 줄임
  − 수건을 치우고 실시하기

## 2. 지시 따르기

### 1) 1단계 지시 따르기
(1) 책상 위에 놓인 장난감 집어오기
◉ 준비물
— 아동이 좋아하는 장난감 1개
— 책상
— 의자


◉ 준비 조건
— 주위를 산만하지 않게 정돈하기
— 아동을 의자에 앉히기
— 아동과 치료사가 마주 앉기(약 50cm 떨어져 앉음)
— 장난감을 책상 위에 놓기(아동의 20cm 앞에 놓음)
— 치료사가 지시하기 전에 아동이 장난감을 만지지 못하도록 통제하기
— 치료사는 장난감을 받을 수 있도록 한 손을 내밀기
— 아동의 한 손에 장난감을 쥐여주기


◉ 지도 방법
— 치료사가 "장난감을 여기에 주세요"라고 말하면서, 한 손을 펴고 다른 손으로 아동에게 장난감을 집어 손바닥에 놓으라고 손짓을 한다.

### 단계 1: 아동의 손에 장난감을 쥐여주고 치료사에게 주게 하기
① 시범 보이기
② 장난감을 달라고 말하기
③ 장난감을 아동의 손에 쥐여주고 손을 끌어 치료사의 손에 놓게 하기

④ 보상 주기
⑤ 여러 번 성공하면 다음 단계로 넘어가기

단계 2: 아동의 손을 장난감에 갖다 대어주고 치료사에게 주게 하기
① 장난감을 달라고 말하기
② 아동의 손을 장난감에 대어주기
③ 아동이 장난감을 치료사의 손에 놓기

단계 3: 아동 혼자서 장난감 주기
① 장난감 달라고 말하기
② 아동이 스스로 시도하지 않으면 팔꿈치를 밀어주기
③ 아동이 장난감을 치료사 손에 놓기

◉ 더 쉽게 하려면
 — 아동의 손을 잡고 반복하기

◉ 더 어렵게 하려면
 — 도움의 양을 줄임
 — 장난감 멀리 놓기
 — 장난감 이외의 다른 물건 사용하기
 — 한 번에 여러 개의 장난감을 놓고 수행하기

(2) 접시에 있는 과자 집어주기
◉ 준비물
 — 아동이 좋아하는 과자 5개
 — 책상

— 의자 2개
— 접시

◉ 준비 조건
— 주위를 산만하지 않게 정돈하기
— 아동을 의자에 앉히기
— 아동과 치료사가 책상을 두고 마주 앉기
— 치료사가 지시하기 전에 아동이 책상 위의 과자를 만지지 못하게 통제하기
— 접시에 과자 한 개를 담아 아동 20cm 앞에 놓기
— 아동의 손에 과자 한 개 쥐여주기

◉ 지도 방법
— 치료사는 한 손을 내밀며 아동에게 과자를 달라고 말하기

### 단계 1: 아동의 손에 과자를 쥐여주고 치료사의 손에 놓게 하기
① 시범 보이기
② 과자를 달라고 아동에게 말하기
③ 아동의 손을 잡고 과자를 치료사 손에 놓게 하기
④ 보상 주기
⑤ 여러 번 성공하면 다음 단계로 넘어가기

### 단계 2: 아동의 손을 과자에 대어주기
① 과자를 달라고 아동에게 말하기
② 아동의 손을 과자에 갖다 대어주기
③ 아동이 과자를 집어 치료사에게 주기

**단계 3: 아동 혼자 접시에 있는 과자를 집어 치료사에게 주기**
① 과자를 달라고 아동에게 말하기
② 아동이 스스로 시도하지 않으면 팔꿈치를 밀어주기
③ 아동이 과자를 집어 치료사에게 주기

⊙ 더 쉽게 하려면
― 손을 잡고 여러 번 반복하기

⊙ 더 어렵게 하려면
― 도움의 양을 줄임
― 멀리 있는 과자 집어오기
― 한 번에 여러 개 집어주기

## 2) 2단계 지시 따르기
(1) 1m 떨어져 있는 장난감 가져오기
⊙ 준비물
― 장난감 1개
― 책상 1개
― 의자 2개

⊙ 준비 조건
― 주위를 산만하지 않게 정돈하기
― 아동을 의자에 앉히기
― 치료사는 아동 옆에 앉기
― 아동의 1m 앞에 책상 놓기
― 책상 위에 장난감 놓기

― 치료사가 지시하기 전에 아동이 장난감을 만지지 못하도록 통제하기
― 치료사는 장난감을 받을 수 있게 한 손 내밀기

⊙ 지도 방법
― 장난감 위치를 손가락으로 가리켜주기

### 단계 1: 아동의 손을 잡고 함께 가져오기
① 시범 보이기
② 장난감 가져오라고 말하기
③ 치료사가 함께 걸어가 아동 손에 장난감을 쥐여주고 돌아와 장난감 받기
④ 아동이 의자에 앉기
⑤ 보상 주기
⑥ 여러 번 성공하면 다음 단계로 넘어가기

### 단계 2: 치료사가 아동과 책상 앞까지 함께 가서 가져오게 하기
① 장난감 가져오라고 말하기
② 치료사는 책상 앞까지 함께 가지만 먼저 돌아와 의자에 앉기
③ 아동이 장난감을 가져와 치료사에게 주기
④ 아동이 의자에 앉기

### 단계 3: 아동 혼자서 장난감 가져오기
① 장난감 가져오라고 말하기
② 아동이 혼자서 시도하지 않으면 아동의 등을 장난감 있는 방향으로 밀어주기
③ 아동이 장난감을 가져와 치료사에게 주기
④ 아동이 의자에 앉기

⊙ 더 쉽게 하려면
— 아동의 손을 잡고 반복하여 실시하기
— 거리를 짧게 하기

⊙ 더 어렵게 하려면
— 도움이 양을 줄임
— 장난감 멀리 두기
— 두 곳에 있는 장난감을 모두 가져오기

(2) 식탁 위에 있는 컵 가져오기
⊙ 준비물
— 식탁
— 손잡이가 있는 컵 1개
— 의자 2개

⊙ 준비 조건
— 주위를 산만하지 않게 정돈하기
— 아동을 의자에 앉히기
— 치료사는 아동 옆에 앉기
— 아동은 식탁에서 1m가량 떨어져 앉기
— 식탁 위에 컵 올려놓기
— 치료사가 지시하기 전에 아동이 컵을 만지지 못하게 통제하기
— 치료사는 아동이 주는 컵을 받을 수 있게 한 손 내밀기

⊙ 지도 방법
— 컵 위치를 손가락으로 가리켜주기

### 단계 1: 아동의 손을 잡고 함께 가져오기
① 시범 보이기
② 컵 가져오라고 말하기
③ 치료사와 함께 걸어가 아동의 손에 컵을 쥐여주고 돌아와 아동이 주는 컵 받기
④ 아동이 의자에 앉기
⑤ 보상 주기
⑥ 여러 번 성공하면 다음 단계로 넘어가기

### 단계 2: 아동과 함께 식탁 앞까지 가서 아동 혼자 가져오게 하기
① 컵 가져오라고 말하기
② 식탁 앞까지 함께 가서 치료사는 먼저 돌아와 의자에 앉기
③ 아동이 컵을 가져와 치료사에게 주기
④ 아동이 의자에 앉기

### 단계 3: 아동 혼자서 컵 가져오기
① 컵 가져오라고 말하기
② 아동이 시도하지 않으면, 아동의 등을 식탁이 있는 쪽으로 살짝 밀어주기
③ 아동이 컵을 가져와 치료사에게 주기
④ 아동이 의자에 앉기

⊙ 더 쉽게 하려면
— 아동의 손을 잡고 반복하여 실시하기
— 식탁을 가까이 두기
⊙ 더 어렵게 하려면
— 도움의 양을 줄임

— 의자와 식탁의 거리를 멀리하기
— 두 가지 물건을 가져오기


(3) 휴지통에 휴지 버리고 오기
⊙ 준비물
— 휴지 1개
— 책상 1개
— 의자 2개
— 뚜껑 없는 휴지통


⊙ 준비 조건
— 주위를 산만하지 않게 정돈하기
— 책상은 아동 앞에 놓기
— 치료사는 아동 옆에 앉기
— 아동의 1m 앞에 휴지통 놓기
— 치료사가 지시하기 전에 아동이 휴지를 만지지 못하도록 통제하기
— 아동은 의자에 자연스럽게 앉기
— 의자 옆 바닥에 휴지 놓기


⊙ 지도 방법
— 휴지통의 위치를 손가락으로 가리켜주기


**단계 1: 아동의 손을 잡고 함께 버리고 오기**
① 시범 보이기
② 휴지 버리고 오라고 말하기
③ 아동의 손에 휴지를 쥐여주고 함께 걸어가 버리고 오기

④ 아동이 의자에 앉기
⑤ 보상 주기
⑥ 여러 번 성공하면 다음 단계로 넘어가기

### 단계 2: 아동 손에 휴지를 쥐여주고 쓰레기통 앞까지 함께 가기
① 휴지 버리고 오라고 지시하기
② 아동의 손에 휴지를 쥐여주고 휴지통 앞까지 함께 간 후 치료사는 먼저 돌아와 의자에 앉기
③ 아동이 휴지를 버리고 돌아오기
④ 아동이 의자에 앉기

### 단계 3: 휴지를 손에 쥐여주고 버리고 오게 하기
① 휴지를 버리고 오라고 말하기
② 아동의 손에 휴지 쥐여주기
③ 아동이 휴지를 휴지통에 버리고 오기
④ 아동이 의자에 앉기

### 단계 4: 아동 혼자 휴지 버리고 오기
① 휴지를 버리고 오라고 말하기
② 아동이 스스로 시도하지 않으면, 아동의 팔꿈치를 휴지 쪽으로 밀어주기
③ 아동이 휴지를 휴지통에 버리고 오기
④ 아동이 의자에 앉기

⊙ 더 쉽게 하려면
- 아동의 손을 잡고 반복하여 실시하기
- 휴지통을 가까이 두기

⊙ 더 어렵게 하려면
- 도움의 양을 줄임
- 휴지통을 멀리 두기
- 두 곳에 있는 휴지를 모두 버리기
- 휴지 양을 늘리기

### 3) 3단계 지시 따르기
(1) 주전자의 물을 컵에 따르고 치료사에게 물컵 주기

⊙ 준비물
- 주전자 1개
- 책상 2개
- 의자 2개
- 컵 1개

⊙ 준비 조건
- 주의를 산만하지 않게 정돈하기
- 책상 두 개를 아동 앞에서 약 1m 떨어져 30cm 간격으로 나란히 놓기
- 주전자와 컵을 두 책상에 따로 올려놓기
- 치료사는 아동 옆에 앉기
- 치료사가 지시하기 전에 아동이 컵과 주전자를 만지지 못하도록 통제하기
- 아동은 의자에 자연스럽게 앉아 있기

⊙ 지도 방법
- 컵을 가지고 가서 주전자의 물을 따르고 치료사한테 가져오라고 지시하기
- 컵과 주전자의 위치를 손으로 가리켜 주기

### 단계 1: 아이와 함께 물 따르고 오기
① 시범 보이기
② 컵에 물을 따르고 오라고 말하기
③ 치료사가 아동과 함께 컵이 놓인 책상에 가서, 아동이 컵을 들고 주전자가 놓여 있는 책상에 가서 물을 따른 후, 의자에 돌아와서 치료사에게 물 컵을 주기
④ 아동이 의자에 앉기
⑤ 보상 주기
⑥ 여러 번 성공하면 다음 단계로 넘어가기

### 단계 2: 아동과 함께 걸어가 컵을 쥐여주고 주전자 물을 따른 후 같이 돌아오기
① 컵에 물을 따르고 오라고 말하기
② 아동의 함께 가서 손에 컵을 쥐여주고, 주전자가 있는 책상 앞에 같이 가기
③ 아동이 주전자의 물을 컵에 따르기
④ 아동과 함께 돌아와 치료사에게 물컵 주기
⑤ 아동이 의자에 앉기

### 단계 3: 아이와 함께 컵 앞까지 간 다음 치료사는 돌아오기
① 컵에 물을 따르고 오라고 말하기
② 아동과 함께 컵 앞까지 간 다음 치료사는 돌아와 의자에 앉기
③ 아동이 컵을 가지고 주전자의 물을 따른 후 돌아와 치료사에게 물컵 주기
④ 아동이 의자에 앉기

### 단계 4: 아동 혼자 컵에 물 따라오기
① 컵에 물을 따르고 오라고 말하기
② 아동이 스스로 시도하지 않으면 아동의 등을 가볍게 컵 쪽으로 밀기

③ 아동이 컵에 물을 따른 후 치료사에게 가져오기
④ 아동이 의자에 앉기

◉ 더 쉽게 하려면
― 아동의 손을 잡고 반복하여 실시하기
― 거리를 짧게 하기
― 컵과 주전자를 한 책상 위에 놓기

◉ 더 어렵게 하려면
― 도움의 양을 줄임
― 컵과 주전자 사이를 멀게 하기

(2) 접시에 과일 담아오기
◉ 준비물
― 과일이 떨어지지 않게 가운데가 움푹 들어간 플라스틱 접시 1개
― 과일 1개
― 책상 2개
― 의자 2개

◉ 준비 조건
― 주위를 산만하지 않게 정돈하기
― 책상 두 개를 아동의 1m 앞에 30cm 간격으로 나란히 놓기
― 과일과 접시를 두 책상에 따로 올려놓기
― 치료사는 아동 옆에 앉기
― 치료사가 지시하기 전에 아동이 접시와 과일을 만지지 못하도록 통제하기
― 아동은 의자에 자연스럽게 앉아 있기

◉ 지도 방법
− 접시를 가지고 가서 과일 담아오라고 말하기
− 접시와 과일의 위치를 손가락으로 가리켜주기

### 단계 1: 아동과 함께 접시에 과일 담아오기
① 시범 보이기
② 접시에 과일을 담아오라고 말하기
③ 아동과 같이 접시가 놓여 있는 책상에 가서 접시를 들고, 과일이 있는 책상으로 가서, 아동을 도와 과일을 접시에 담아 함께 의자로 돌아오기
④ 아동이 의자에 앉기
⑤ 보상 주기
⑥ 여러 번 성공하면 다음 단계로 넘어가기

### 단계 2: 아동이 같이 걸어가, 접시를 쥐여주고, 과일을 담아 돌아오게 하기
① 접시에 과일 담아오라고 말하기
② 아동과 함께 걸어가, 아동의 손에 접시를 쥐여주고, 과일 앞에 같이 가기
③ 아동이 접시에 과일 담기
④ 아동과 함께 돌아오기
⑤ 아동이 의자에 앉기

### 단계 3: 아동과 함께 접시 앞까지만 가고, 치료사는 돌아오기
① 접시에 과일을 담아오라고 말하기
② 아동과 함께 접시 앞까지 간 다음, 치료사는 돌아와 의자에 앉기
③ 아동이 접시를 가지고 과일 담아오기
④ 아동이 의자에 앉기

**단계 4: 아동 혼자서 접시에 과일 담아오기**
① 접시에 과일 담아오라고 말하기
② 아동이 스스로 시도하지 않으면 등을 접시 쪽으로 밀어주기
③ 아동이 접시에 과일 담아오기
④ 아동이 의자에 앉기

◉ 더 쉽게 하려면
 － 아동의 손을 잡고 반복하여 실시하기
 － 이동 거리를 짧게 하기
 － 과일과 접시를 한 책상 위에 놓기

◉ 더 어렵게 하려면
 － 도움의 양을 줄임
 － 과일과 접시 사이를 멀게 하기

## 3. 퍼즐 맞추기

### 1) 한 조각으로 된 퍼즐 맞추기
(1) 동그라미 퍼즐 블록 맞추기
 ◉ 준비물
 － 한 조각으로 된 퍼즐 블록(지름 약 7cm 크기로 손잡이가 있는 것)
 － 책상
 － 의자

 ◉ 준비 조건
 － 주위를 산만하지 않게 정돈하기

― 퍼즐판을 책상 위에 놓기
― 아동을 의자에 앉히기
― 치료사는 아동 앞에 마주 앉기
― 실시하기 전에 아동이 퍼즐판을 만지지 못하도록 통제하기
― 퍼즐 블록을 퍼즐판에서 빼어놓기

◉ 지도 방법
― 아래의 단계에 따라 실시한다.

### 단계 1: 아동의 손에 퍼즐 블록을 쥐여주고 맞추게 하기
① 시범 보이기
② 퍼즐 블록을 아동의 손에 쥐여주기
③ 아동의 손을 잡고 퍼즐 블록 맞추기
④ 보상 주기
⑤ 여러 번 성공하면 다음 단계로 넘어가기

### 단계 2: 아동의 손을 퍼즐 블록에 갖다 대어 맞추게 하기
① 아동의 손을 퍼즐 블록에 갖다 대기
② 아동이 퍼즐 블록을 쥐고 맞추기

### 단계 3: 아동 혼자서 퍼즐 블록 맞추기
① 아동 스스로 시도하지 않으면 팔꿈치를 밀어주기
② 아동이 퍼즐 블록 맞추기

◉ 더 쉽게 하려면
― 손을 잡고 여러 번 반복하기

– 퍼즐 블록을 조금만 빼어 놓고 실시하기

⊙ 더 어렵게 하려면
– 도움의 양을 줄임
– 손잡이 없는 퍼즐 블록을 사용하기
– 다양한 도형을 이용하기

(2) 다양한 동물 퍼즐 맞추기
⊙ 준비물
– 한 조각으로 된 동물 퍼즐(한 판에 3~4개의 동물로 구성돼 있지만 각 동물 블록은 한 조각으로 된 퍼즐)
– 손잡이가 있는 퍼즐 블록
– 책상
– 의자 2개

⊙ 준비 조건
– 주위가 산만하지 않도록 정돈하기
– 동물 퍼즐판을 책상 위에 놓기
– 아동을 의자에 앉히기
– 치료사는 아동 앞에 마주 앉기
– 치료사가 지시하기 전에 아동이 퍼즐을 만지지 못하도록 통제하기
– 퍼즐 블록 하나만 빼어 놓고 나머지는 미리 맞추어놓기

⊙ 지도 방법
단계 1: 아동의 손에 퍼즐 블록을 쥐여주고 맞추게 하기
① 시범 보이기

② 아동의 손에 퍼즐 블록 쥐여주기
③ 아동의 손을 잡고 퍼즐 블록 맞추기
④ 보상 주기
⑤ 여러 번 성공하면 다음 단계로 넘어가기

### 단계 2: 아동의 손을 퍼즐 블록에 갖다 대어주고 맞추게 하기
① 아동의 손을 퍼즐 블록에 갖다 대어주기
② 아동이 퍼즐 블록 맞추기

### 단계 3: 아동 혼자서 동물 퍼즐 맞추기
① 아동 스스로 시도하지 않으면 팔꿈치를 밀어주기
② 아동이 퍼즐 블록 맞추기

◉ 더 쉽게 하려면
- 손잡고 반복하여 실시하기
- 퍼즐 블록을 판에서 조금 빼어놓기
- 한 조각의 블록으로 된 동물 퍼즐 이용하기

◉ 더 어렵게 하려면
- 도움의 양을 줄임
- 손잡이가 없는 퍼즐 블록 사용하기
- 퍼즐 블록 두 개를 빼어놓고 실시하기
- 여러 조각 퍼즐 블록 이용하기

(3) 3~5개 조각으로 된 과일 퍼즐의 한 조각 맞추기
◉ 준비물

− 3~5개 조각으로 된 과일 퍼즐
− 손잡이가 있는 퍼즐 블록
− 책상
− 의자 2개

⦿ 준비 조건
− 주위가 산만하지 않게 정돈하기
− 퍼즐판을 책상 위에 놓기
− 아동을 의자에 앉히기
− 치료사는 아동 앞에 마주 앉기
− 치료사가 지시하기 전에 아동이 퍼즐판을 만지지 못하게 통제하기
− 퍼즐 블록을 한 조각만 빼어놓고 나머지는 맞추어놓기

⦿ 지도 방법
단계 1: 아동의 손에 퍼즐 블록을 쥐여주고 맞추게 하기
① 시범 보이기
② 아동의 손에 퍼즐 블록 쥐여주기
③ 아동의 손을 잡고 맞추게 하기
④ 보상 주기
⑤ 여러 번 성공하면 다음 단계로 넘어가기

단계 2: 아동의 손을 퍼즐 블록에 갖다 대어주고 맞추게 하기
① 아동의 손을 퍼즐 블록에 대어주기
② 아동이 퍼즐 블록 맞추기

**단계 3: 아동 혼자서 과일 퍼즐 맞추기**
① 아동이 시도하지 않으면 팔꿈치를 밀어주기
② 아동이 퍼즐 블록 맞추기

◉ 더 쉽게 하려면
— 아동의 손을 잡고 반복하여 실시하기
— 퍼즐 블록을 판에서 조금 빼어놓기
— 퍼즐 블록을 끼울 때 도와주기

◉ 더 어렵게 하려면
— 도움의 양을 줄임
— 퍼즐 블록 조각을 여러 개 빼어놓고 맞추기
— 복잡한 그림 퍼즐 맞추기

## 2) 문자 · 숫자 퍼즐 맞추기
(1) 한 글자 퍼즐에서 빠진 자모 맞추기
◉ 준비물
— 한 글자만 있는 글자 퍼즐(예: '가' 글자에 'ㄱ' 넣기)
— 앞뒷면이 다른 재질이어서 앞뒤가 구별되는 퍼즐 블록
— 책상
— 의자 2개

◉ 준비 조건
— 주위를 산만하지 않게 정돈하기
— 퍼즐판을 책상 위에 놓기
— 아동을 의자에 앉히기

— 치료사는 아동 앞에 마주 앉기
— 치료사가 지시하기 전에 아동이 퍼즐판을 만지지 못하도록 통제하기
— **빠진 자모** 외에는 미리 맞춰놓기

⊙ 지도 방법

단계 1: 아동의 손에 퍼즐 블록을 쥐여주고 맞추게 하기
① 시범 보이기
② 아동의 손에 퍼즐 블록 쥐여주기
③ 아동의 손을 잡고 퍼즐 블록 맞추게 하기
④ 보상 주기
⑤ 여러 번 성공하면 다음 단계로 넘어가기

단계 2: 아동의 손을 퍼즐 블록에 갖다 대어주고 맞추게 하기
① 아동의 손을 퍼즐 블록에 갖다 대어주기
② 아동이 퍼즐 블록 맞추기

단계 3: 아동 혼자서 맞추기
① 아동이 시도하지 않으면 팔꿈치를 밀어주기
② 아동이 퍼즐 블록 맞추기

⊙ 더 쉽게 하려면
— 손잡고 반복하여 실시하기
— **빠진 자모**의 퍼즐 블록을 판에서 조금 **빼어놓기**
— 각이 없어 끼우기 쉬운 'ㅇ' 자 맞추기

◉ 더 어렵게 하려면
- 도움의 양을 줄임
- 글자 퍼즐의 블록 조각을 모두 빼어놓고 실시하기
- 모음 자음을 교대로 실시하기
- 숫자 퍼즐 이용하기

(2) 두 글자 퍼즐에서 빠진 글자 맞추기
◉ 준비물
- 두 글자 퍼즐(예: 소리, 가방 등)
- 앞뒷면이 다른 재질이어서 앞뒤가 구별되는 퍼즐
- 책상
- 의자 2개

◉ 준비 조건
- 주위가 산만하지 않게 정돈하기
- 퍼즐판을 책상 위에 놓기
- 아동을 의자에 앉히기
- 치료사는 아동 앞에 마주 앉기
- 치료사가 지시하기 전에 아동이 퍼즐판을 만지지 못하도록 통제하기
- 한 글자만 빼고 미리 맞추어놓기

◉ 지도 방법
단계 1: 아동의 손에 퍼즐 블록을 쥐여주고 맞추게 하기
① 시범 보이기
② 아동의 손에 퍼즐 블록 쥐여주기
③ 아동의 손을 잡고 맞추게 하기

④ 보상 주기
⑤ 여러 번 성공하면 다음 단계로 넘어가기

**단계 2: 아동의 손을 퍼즐 블록에 갖다 대어주고 맞추게 하기**
① 아동의 손을 퍼즐 블록에 대어주기
② 아동이 퍼즐 블록 맞추기

**단계 3: 아동 혼자서 한 글자 맞추기**
① 아동 스스로 시도하지 않으면 팔꿈치를 밀어주기
② 아동이 퍼즐 블록 맞추기

⊙ 더 쉽게 하려면
 － 손잡고 반복하여 실시하기
 － 퍼즐 블록 끼울 곳을 손가락으로 가리켜주기
 － 받침 없는 글자 이용

⊙ 더 어렵게 하려면
 － 도움의 양을 줄임
 － 두 글자 퍼즐 블록을 모두 빼어놓고 맞추게 하기
 － 받침 있는 글자 이용하기

(3) 숫자 퍼즐 맞추기
⊙ 준비물
 － 숫자 퍼즐
 － 앞뒷면이 다른 재질이어서 앞뒤가 구별되는 퍼즐
 － 책상

− 의자 2개

◉ 준비 조건
− 주위가 산만하지 않게 정돈하기
− 숫자 퍼즐판 책상 위에 놓기
− 아동을 의자에 앉히기
− 치료사는 아동 앞에 마주 앉기
− 치료사의 지시가 있기 전에 아동이 퍼즐판을 만지지 못하도록 통제하기
− 퍼즐판에서 숫자 블록을 빼어놓기

◉ 지도 방법
### 단계 1: 아동의 손을 잡고 맞추게 하기
① 시범 보이기
② 아동의 손에 퍼즐 블록 쥐여주기
③ 아동의 손을 잡고 맞추게 하기
④ 보상 주기
⑤ 여러 번 성공하면 다음 단계로 넘어가기

### 단계 2: 아동의 손을 숫자 블록에 갖다 대어주고 맞추게 하기
① 아동의 손을 퍼즐 블록에 대어주기
② 아동이 퍼즐 블록 맞추기

### 단계 3: 아동 혼자서 한 글자 맞추기
① 아동 스스로 시도하지 않으면 팔꿈치를 밀어주기
② 아동이 혼자 퍼즐 블록 맞추기

⊙ 더 쉽게 하려면
— 손잡고 반복하여 실시하기
— 퍼즐 블록 끼울 곳을 손가락으로 가리켜주기
— 숫자 블록을 퍼즐판 구멍에 걸쳐놓고 실시하기

⊙ 더 어렵게 하려면
— 도움의 양을 줄임
— 숫자 블록 두 개 이상 빼어놓고 실시하기
— 두 자리 숫자 실시하기

### 3) 4~5개 조각 퍼즐 맞추기
⊙ 준비물
— 4~5개 조각으로 된 동물 퍼즐 1개(동물 그림 하나로 되어 있는 퍼즐)
— 손잡이가 달린 퍼즐 블록
— 책상
— 의자 2개

⊙ 준비 조건
— 주위가 산만하지 않게 정돈하기
— 책상 위에 퍼즐판 놓기
— 아동을 의자에 앉히기
— 치료사는 아동 앞에 마주 앉기
— 치료사의 지시하기 전에 아동이 퍼즐판을 만지지 못하도록 통제하기
— 퍼즐 블록을 두 조각만 빼어놓기

◉ 지도 방법

**단계 1: 아동의 손을 잡고 맞추게 하기**

① 시범 보이기

② 아동의 손에 퍼즐 블록 쥐여주기

③ 아동의 손을 잡고 퍼즐 블록 두 조각을 반복하여 맞추게 하기

④ 보상 주기

⑤ 여러 번 성공하면 다음 단계로 넘어가기

**단계 2: 아동 손에 퍼즐 블록을 쥐여주고 끼울 곳을 손가락으로 가리켜주기**

① 아동의 손에 퍼즐 블록을 쥐여주고 끼울 곳을 가리켜주기

② 아동이 동물퍼즐 두 조각을 모두 맞추기

**단계 3: 아동 혼자 퍼즐 맞추기**

① 아동 스스로 시도하지 않으면 팔꿈치를 밀어주기

② 아동이 퍼즐 블록 두 조각을 모두 맞추기

◉ 더 쉽게 하려면
- 손잡고 반복하여 실시하기
- 퍼즐 블록을 판에서 한 조각만 빼어놓기
- 2~3개 조각으로 된 동물 퍼즐 이용하기

◉ 더 어렵게 하려면
- 도움의 양을 줄임
- 퍼즐 블록 조각을 모두 빼어놓고 실시하기
- 4~5개 조각 이상의 퍼즐 이용하기
- 동물 하나가 4~5개 조각으로 된 퍼즐 맞추기

# Ⅱ. 인지 학습 지도에 적합한 과제와 지도 과정

## 1. 도형 인식

### 1) 한 개의 도형 맞추기
(1) 동그라미 블록 한 개 있는 도형 퍼즐 맞추기
⊙ 준비물
― 동그라미 도형 퍼즐(지름 약 7cm의 크기로 손잡이가 있는 것)
― 책상
― 의자


⊙ 준비 조건
― 주위를 산만하지 않게 정돈하기
― 동그라미 퍼즐판을 책상 위에 놓기
― 아동을 의자에 앉히기
― 치료사는 아동 앞에 마주 앉기
― 치료사의 지시가 있기 전에 아동이 도형 퍼즐을 만지지 못하도록 통제하기
― 동그라미 블록을 도형 퍼즐판에서 빼어놓기


⊙ 지도 방법
― 각 단계에 맞는 시범을 먼저 보이고 실시하기
― 아래의 단계에 따라 실시한다.

단계 1: 아동의 손에 동그라미 블록을 쥐여주고 맞추게 하기
① 시범 보이기
② 아동의 손에 동그라미 블록을 쥐여주기

③ 아동의 손을 잡고 맞추게 하기
④ 보상 주기
⑤ 여러 번 성공하면 다음 단계로 넘어가기

**단계 2: 아동의 팔꿈치를 밀어주고 맞추게 하기**
① 아동의 팔꿈치를 도형 퍼즐쪽으로 밀어주기
② 아동이 동그라미 블록 맞추기

**단계 3: 아동 혼자서 동그라미 블록 맞추기**
① 아동이 스스로 끼우지 못하면, 블록 넣을 곳을 손가락으로 가리켜주기
② 아동이 동그라미 블록 맞추기

⊙ 더 쉽게 하려면
― 손잡고 여러 번 반복하기
― 동그라미 블록을 도형 퍼즐판 구멍에 걸쳐 놓고 실시하기

⊙ 더 어렵게 하려면
― 도움의 양을 줄임
― 다양한 크기의 동그라미 블록이 있는 도형 퍼즐 사용하기

(2) 동그라미와 다른 도형 구별하기
⊙ 준비물
― 동그라미 블록 2개
― 네모 블록 1개
― 의자 2개
― 책상

⊙ 준비 조건
― 주위를 산만하지 않게 정돈하기
― 아동을 의자에 앉히기
― 치료사는 아동과 책상을 사이에 두고 마주 앉기
― 치료사의 지시가 있기 전에 아동이 블록을 만지지 못하도록 통제하기
― 치료사는 책상에 동그라미 블록 놓아두기

⊙ 지도 방법
단계 1: 동그라미 블록 집어주기
① 시범 보이기
② 아동이 스스로 하지 않으면 아동의 팔꿈치를 도형 퍼즐쪽으로 밀어주기
③ 아동이 동그라미 블록을 집어 치료사에게 주기
④ 보상 주기
⑤ 여러 번 성공하면 다음 단계로 넘어가기

단계 2: 동그라미와 네모 블록 중에 동그라미 블록을 집어주기
① 책상 위에 동그라미와 네모 블록을 나란히 놓기
② 아동이 스스로 시도하지 않으면 팔꿈치를 동그라미 블록쪽으로 밀어주기
③ 아동이 동그라미 블록을 집어 치료사에게 주기

단계 3: 아동 혼자 동그라미와 네모 블록 중 동그라미 블록을 집어 치료사에게 주기
① 치료사가 책상 위에 동그라미와 네모 블록 놓아두기
② 아동 스스로 시도하지 않으면 동그라미 블록을 손가락으로 가리켜주기
③ 아동이 동그라미 블록을 집어 치료사에게 주기

⊙ 더 쉽게 하려면
— 아동과 반복하여 실시하기

⊙ 더 어렵게 하려면
— 도움의 양을 줄임
— 네모 블록을 응용하여 실시하기
— 여러 가지 도형으로 응용하여 실시하기

(3) 동그라미 블록과 동그라미 그림카드 짝짓기
⊙ 준비물
— 동그라미 블록 1개
— 동그라미와 네모가 그려진 카드 1개씩(크기: 10x10cm)
— 책상
— 의자 2개

⊙ 준비 조건
— 주위를 산만하지 않게 정돈하기
— 아동을 의자에 앉히기
— 치료사는 아동과 책상에 마주 앉기
— 치료사의 지시가 있기 전에 아동이 그림카드나 블록을 만지지 못하도록 통제하기
— 책상 위에 동그라미 그림카드 올려놓기

⊙ 지도 방법
단계 1: 동그라미 블록과 동그라미 그림카드 짝짓기
① 시범 보이기

② 치료사가 아동에게 동그라미 블록을 쥐여주기
③ 아동이 쥐고 있는 동그라미 블록을 책상 위의 동그라미 그림카드 위에 올려 놓기
④ 보상 주기
⑤ 여러 번 성공하면 다음 단계로 넘어가기

### 단계 2: 동그라미와 네모 그림카드 중 동그라미 그림과 동그라미 블록을 짝짓기
① 치료사가 책상 위에 네모와 동그라미 그림카드를 나란히 놓기
② 치료사가 아동에게 동그라미 블록 쥐여주기
③ 아동이 스스로 시도하지 않으면 아동 팔꿈치를 동그라미 그림 쪽으로 밀어 주기
④ 아동이 쥐고 있는 동그라미 블록을 책상 위의 동그라미 그림카드 위에 놓기

### 단계 3: 아동 혼자 동그라미 블록과 동그라미 그림 짝짓기
① 치료사가 책상 위에 네모와 동그라미 그림카드를 나란히 놓기
② 아동이 스스로 시도하지 않으면, 책상 위의 동그라미 그림카드 쪽을 손가락으로 가리켜 주기
③ 아동이 동그라미 블록을 동그라미 그림에 올려놓기

◉ 더 쉽게 하려면
― 아동의 손을 잡고 여러 번 반복하기

◉ 더 어렵게 하려면
― 도움의 양을 줄임
― 네모 블록을 이용하여 같은 방법으로 반복하여 실시하기
― 여러 가지 도형 중에 동그라미 찾기

(4) 동그라미 그림카드끼리 짝짓기

◉ 준비물

— 동그라미가 그려진 카드 2개(크기: 10x10cm)

— 네모가 그려진 카드 1개

— 책상

— 의자 2개

◉ 준비 조건

— 주위를 산만하지 않게 정돈하기

— 아동을 의자에 앉히기

— 치료사는 아동과 책상을 사이에 두고 마주 앉기

— 치료사의 지시가 있기 전에 아동이 그림카드를 만지지 못하도록 통제하기

— 책상 위에 동그라미 그림카드 올려놓기

◉ 지도 방법

단계 1: 동그라미 그림카드끼리 짝짓기

① 시범 보이기

② 치료사가 아동에게 동그라미 그림카드 쥐여주기

③ 아동이 쥐고 있는 그림카드를 책상의 동그라미 그림 위에 올려놓기

④ 보상 주기

⑤ 여러 번 성공하면 다음 단계로 넘어가기

단계 2: 동그라미와 네모 그림을 책상 위에 놓고 동그라미 그림끼리 짝짓기

① 치료사가 책상 위에 동그라미와 네모 그림카드를 나란히 놓기

② 치료사가 아동에게 다른 동그라미 그림카드를 쥐여주기

③ 아동이 쥐고 있는 동그라미 그림카드를 책상 위의 동그라미 그림 위에 놓기

**단계 3: 책상 위에 있는 동그라미와 네모 카드 중 동그라미 그림카드를 집어 치료사에게 주기**
① 치료사가 책상 위에 동그라미와 네모 그림카드를 나란히 놓기
② 아동 스스로 시도하지 않으면, 동그라미 그림카드 쪽으로 팔꿈치를 밀어주기
③ 아동이 동그라미 그림카드를 집어 치료사에게 주기

⊙ 더 쉽게 하려면
― 아동의 손을 잡고 여러 번 반복하기

⊙ 더 어렵게 하려면
― 도움의 양을 줄임
― 네모 그림카드를 이용하여 위의 방법을 반복하여 실시하기
― 여러 가지 도형 그림 중에 동그라미 고르기

## 2) 세 개의 도형 구별하기
(1) 동그라미, 세모, 네모 블록으로 구성된 도형 퍼즐 맞추기
⊙ 준비물
― 한 판에 동그라미, 세모, 네모가 있는 도형 퍼즐
― 책상
― 의자

⊙ 준비 조건
― 주위를 산만하지 않게 정돈하기
― 도형 퍼즐판을 책상 위에 놓기
― 아동을 의자에 앉히기
― 치료사는 아동 앞에 마주 앉기

― 실시하기 전에 아동이 퍼즐을 만지지 못하도록 통제하기
― 도형 퍼즐의 블록을 퍼즐판에서 빼어놓기

⊙ 지도 방법

### 단계 1: 동그라미 블록 맞추기
① 시범 보이기
② 아동이 스스로 시도하지 않으면 동그라미 블록 끼울 곳을 손가락으로 가리켜주기
③ 아동이 동그라미 블록 끼우기
④ 보상 주기
⑤ 여러 번 성공하면 다음 단계로 넘어가기

### 단계 2: 동그라미와 네모 블록 맞추기
① 도형 퍼즐판에서 동그라미와 네모 블록 꺼내놓기
② 아동이 스스로 시도하지 않으면 끼울 곳을 손가락으로 가리켜주기
③ 아동이 동그라미와 네모 블록 맞추기

### 단계 3: 동그라미, 세모, 네모 블록 모두 맞추기
① 도형 퍼즐판에서 동그라미, 네모, 세모 블록을 모두 꺼내놓기
② 아동이 스스로 시도하지 않으면 끼울 곳을 손가락으로 가리켜주기
③ 아동이 동그라미, 네모, 세모 블록을 모두 맞추기

⊙ 더 쉽게 하려면
― 아동의 손을 잡고 여러 번 반복하기

⊙ 더 어렵게 하려면

― 도움의 양을 줄임
― 다양한 도형을 이용하기


(2) 동그라미, 세모, 네모 블록 집어주기
⊙ 준비물
― 네모 블록 2개
― 세모 블록 2개
― 의자 2개
― 동그라미 블록 2개
― 책상


⊙ 준비 조건
― 주위를 산만하지 않게 정돈하기
― 아동을 의자에 앉히기
― 치료사는 아동과 책상을 사이에 두고 마주 앉기
― 치료사가 지시하기 전에 아동이 블록을 만지지 못하도록 통제하기
― 치료사가 책상 위에 동그라미, 세모, 네모 블록 놓아두기


⊙ 지도 방법

**단계 1: 아동이 동그라미 블록 집어주기**

① 시범 보이기
② 치료사가 동그라미 블록을 보여주고 같은 것 달라고 하기
③ 아동이 스스로 시도하지 않으면, 동그라미 블록을 손가락으로 가리켜주기
④ 아동이 동그라미 블록을 집어 치료사에게 주기
⑤ 보상 주기
⑥ 여러 번 성공하면 다음 단계로 넘어가기

**단계 2: 아동이 네모 블록 집어주기**
① 책상 위에 동그라미, 세모, 네모 블록을 나란히 놓기
② 치료사가 네모 블록을 보여주고 같은 것 달라고 말하기
③ 아동이 스스로 시도하지 않으면, 네모 블록을 손가락으로 가리켜 주기
④ 아동이 네모 블록을 집어 치료사에게 주기

**단계 3: 아동이 세모 블록 집어주기**
① 책상 위에 동그라미, 세모, 네모 블록을 나란히 놓기
② 치료사가 세모 블록을 보여주고 같은 모양 달라고 말하기
③ 아동이 스스로 시도하지 않으면, 세모 블록을 손가락으로 가리켜 주기
④ 아동이 세모 블록을 집어 치료사에게 주기

◉ 더 쉽게 하려면
— 아동과 반복하여 실시하기

◉ 더 어렵게 하려면
— 도움의 양을 줄임
— 여러 가지 도형으로 응용하여 실시하기

(3) 동그라미, 세모, 네모 블록과 동그라미, 세모, 네모 그림카드 짝짓기
◉ 준비물
— 동그라미, 세모, 네모 블록 각 1개
— 동그라미, 세모, 네모가 그려진 카드 1개씩(크기: 10x10cm)
— 책상
— 의자 2개

⊙ 준비 조건
— 주위를 산만하지 않게 정돈하기
— 아동을 의자에 앉히기
— 치료사는 아동과 책상을 사이에 두고 마주 앉기
— 치료사의 지시가 있기 전에 아동이 카드나 블록을 만지지 못하도록 통제하기
— 책상 위에 동그라미, 세모, 네모 그림카드를 나란히 올려놓기

⊙ 지도 방법
### 단계 1: 동그라미 블록과 동그라미 그림 짝짓기
① 시범 보이기
② 치료사가 동그라미 블록을 주기
③ 아동이 스스로 시도하지 않으면, 동그라미 그림 카드를 손가락으로 가리켜 주기
④ 아동이 쥐고 있는 동그라미 블록을 책상 위의 동그라미 그림 위에 올려놓기
⑤ 보상 주기
⑥ 여러 번 성공하면, 다음 단계로 넘어가기

### 단계 2: 네모 블록과 네모 그림 짝짓기
① 치료사가 책상 위에 세모, 네모, 동그라미 그림카드를 나란히 놓기
② 치료사가 아동에게 네모 블록 주기
③ 아동이 스스로 시도하지 않으면, 네모 그림카드를 손가락으로 가리켜주기
④ 아동이 쥐고 있는 네모 블록을 책상 위의 네모 그림카드 위에 놓기

### 단계 3: 세모 블록과 세모 그림 짝짓기
① 치료사가 책상 위에 세모, 네모, 동그라미 그림카드를 나란히 놓기

② 치료사가 아동에게 세모 블록 주기
③ 아동이 스스로 시도하지 않으면, 세모 그림카드를 손가락으로 가리켜주기
④ 아동이 쥐고 있는 세모 블록을 책상 위의 세모 그림 위에 놓기

◉ 더 쉽게 하려면
— 아동과 손을 잡고 여러 번 반복하기

◉ 더 어렵게 하려면
— 도움의 양을 줄임
— 여러 가지 도형으로 응용하기

(4) 동그라미, 세모, 네모 그림카드끼리 짝짓기
◉ 준비물
— 동그라미, 세모, 네모가 그려진 카드 각 2개씩(크기: 10x10cm)
— 책상
— 의자 2개

◉ 준비 조건
— 주위를 산만하지 않게 정돈하기
— 책상 위에 동그라미, 세모, 네모 그림카드 1개씩 올려놓기
— 아동을 의자에 앉히기
— 치료사는 아동과 책상을 사이에 두고 마주 앉기
— 치료사의 지시가 있기 전에 아동이 그림카드를 만지지 못하도록 통제하기

◉ 지도 방법
단계 1: 동그라미 그림끼리 짝짓기

① 시범 보이기
② 치료사가 아동에게 동그라미 그림카드 주기
③ 아동이 스스로 시도하지 않으면, 책상 위의 동그라미 그림카드를 손가락으로 가리켜주기
④ 아동이 쥐고 있는 동그라미 그림카드를 책상 위의 동그라미 그림 위에 놓기
⑤ 보상 주기
⑥ 여러 번 성공하면 다음 단계로 넘어가기

단계 2: 네모 그림끼리 짝짓기
① 치료사가 책상 위에 세모, 네모, 동그라미 그림카드를 나란히 놓기
② 치료사가 아동에게 네모 그림카드를 주기
③ 아동이 스스로 시도하지 않으면, 책상 위의 네모 그림카드를 손가락으로 가리켜주기
④ 아동이 쥐고 있는 네모 그림카드를 책상 위의 네모 그림카드 위에 놓기

단계 3: 세모 그림끼리 짝짓기
① 책상 위에 세모, 네모, 동그라미 그림카드를 나란히 놓기
② 치료사가 아동에게 세모 그림카드를 집어주기
③ 아동이 스스로 시작하지 못하면, 책상 위의 세모 그림카드를 집어 손가락으로 가리켜주기
④ 아동이 쥐고 있는 세모 그림카드를 책상 위의 세모 그림카드 위에 놓기

⊙ 더 쉽게 하려면
— 아동의 손을 잡고 여러 번 반복하기

⊙ 더 어렵게 하려면

− 도움의 양을 줄이기
− 여러 도형의 그림카드를 이용하여 위의 방법을 반복하여 실시하기

## 3) 도형 분류하기
(1) 여러 도형 블록 가운데 같은 도형 찾기
◉ 준비물
− 동그라미, 세모, 네모 블록 각 3개씩
− 책상
− 의자 2개

◉ 준비 조건
− 주위를 산만하지 않게 정돈하기
− 책상 위에 여러 블록을 뒤섞어 올려놓기
− 아동을 의자에 앉히기
− 치료사는 아동과 책상을 두고 마주 앉기
− 치료사의 지시가 있기 전에 아동이 블록을 만지지 못하도록 통제하기

◉ 지도 방법
**단계 1: 동그라미 블록끼리 분류하기**
① 시범 보이기
② 치료사가 아동에게 동그라미 블록을 보여주기
③ 아동이 스스로 시도하지 않으면, 책상 위의 동그라미 블록 한 개를 손가락으로 가리켜주기
④ 아동이 동그라미 블록을 모두 찾아 치료사에게 주기
⑤ 보상 주기
⑥ 여러 번 성공하면 다음 단계로 넘어가기

**단계 2: 네모 블록끼리 분류하기**
① 치료사가 책상 위에 세모, 네모, 동그라미 블록을 뒤섞어놓기
② 치료사가 아동에게 네모 블록 보여주기
③ 아동이 스스로 시도하지 않으면, 책상 위의 네모 블록 한 개를 손가락으로 가리켜주기
④ 아동이 네모 블록을 모두 찾아 치료사에게 주기

**단계 3: 세모 블록끼리 분류하기**
① 치료사가 책상 위에 세모, 네모, 동그라미 블록을 뒤섞어놓기
② 치료사가 아동에게 세모 블록 보여주기
③ 아동이 스스로 시도하지 않으면, 책상 위의 세모 블록 1개를 손가락으로 가리켜주기
④ 아동이 세모 블록을 모두 찾아 치료사에게 주기

◉ 더 쉽게 하려면
— 아동의 손을 잡고 여러 번 반복하기

◉ 더 어렵게 하려면
— 도움의 양을 줄임
— 여러 가지 도형으로 응용하기
— 크기가 다른 같은 도형끼리 분류하기

(2) 여러 도형 카드 가운데 같은 도형 찾기
◉ 준비물
— 동그라미, 세모, 네모 그림카드 각 3개씩
— 책상

– 의자 2개

◉ 준비 조건
– 주위를 산만하지 않게 정돈하기
– 책상 위의 그림카드를 뒤섞어 올려놓기
– 아동을 의자에 앉히기
– 치료사는 아동과 책상을 사이에 두고 마주 앉기
– 치료사의 지시가 있기 전에 아동이 그림카드를 만지지 못하도록 통제하기

◉ 지도 방법
### 단계 1: 동그라미 그림끼리 분류하기
① 시범 보이기
② 치료사가 아동에게 동그라미 그림카드를 보여주기
③ 아동이 스스로 하지 않으면, 책상 위의 동그라미 그림카드 한 개를 손가락으로 가리켜주기
④ 아동이 동그라미 그림카드를 모두 찾아 치료사에게 주기
⑤ 보상 주기
⑥ 여러 번 성공하면 다음 단계로 넘어가기

### 단계 2: 네모 그림끼리 분류하기
① 치료사가 책상 위에 세모, 네모, 동그라미 그림카드를 뒤섞어놓기
② 치료사가 아동에게 네모 그림카드 보여주기
③ 아동이 스스로 시도하지 않으면, 책상 위의 네모 그림카드 한 개를 손가락으로 가리켜주기
④ 아동이 네모 그림카드를 모두 찾아 치료사에게 주기

### 단계 3: 세모 그림끼리 분류하기

① 치료사가 책상 위에 세모, 네모, 동그라미 그림카드를 뒤섞어놓기
② 치료사가 아동에게 세모 그림카드 보여주기
③ 아동이 스스로 시작하지 못하면, 책상 위의 세모 그림카드 한 개를 손가락으로 가리켜주기
④ 아동이 세모 그림카드를 모두 찾아 치료사에게 주기

◉ 더 쉽게 하려면
― 아동의 손을 잡고 여러 번 반복하기

◉ 더 어렵게 하려면
― 도움의 양을 줄임
― 여러 가지 도형으로 응용하기

― 마름모
― 육각형
― 별 모양
― 부채꼴 모양
― 직사각형
◉ 지도 방법: '동그라미' 개념을 가르칠 때와 같은 과정으로 지도하기

## 2. 색깔 인식

### 1) 빨강
(1) 빨강끼리 짝짓기
◉ 준비물
— 빨강 네모 카드 2장, 파랑 네모 카드 1장
— 빨강 블록 1개
— 책상
— 의자 2개

◉ 준비 조건
— 책상 위에 빨강 카드 한 장 놓기
— 주위를 산만하지 않게 정돈하기

◉ 지도 방법
— 아래의 단계에 따라 실시한다.

### 단계 1: 빨강끼리 짝짓기
① 시범 보이기
② 아동 손에 빨강 카드 쥐여주기
— 아동을 의자에 앉히기
— 치료사는 아동과 책상에 마주 앉기
— 치료사의 지시가 있기 전에 아동이 카드를 만지지 못하도록 통제하기
③ 아동의 팔꿈치를 책상 위의 빨강 카드 쪽으로 밀어주기
④ 아동이 들고 있는 빨강 카드를 책상 위의 빨강 카드에 올려놓기
⑤ 보상 주기

⑥ 여러 번 성공하면 다음 단계로 넘어가기

단계 2: 빨강과 파랑 카드를 나란히 놓고 빨강 카드끼리 짝짓기
① 책상 위에 빨강과 파랑 카드를 20cm 간격으로 나란히 놓기
② 아동에게 빨강 카드 쥐여주기
③ 아동 팔꿈치를 책상 위의 빨강 카드 쪽으로 밀어주기
④ 아동이 들고 있는 빨강 카드를 책상 위의 빨강 카드에 올려놓기

단계 3: 빨강 블록과 빨강 카드 짝짓기
① 책상 위에 빨강과 파랑 카드를 20cm 간격으로 나란히 놓기
② 아동에게 빨강 블록 쥐여주기
③ 아동 팔꿈치를 빨강 카드 쪽으로 밀어주기
④ 아동이 들고 있는 빨강 블록을 책상 위의 빨강 카드 위에 올려놓기

단계 4: 빨강과 파랑 카드 중 빨강 카드를 집어 치료사에게 주기
① 책상 위에 빨강과 파랑 카드 하나씩을 20cm 간격으로 나란히 놓기
② 아동이 빨강 카드를 집어 치료사에게 주기

◉ 더 쉽게 하려면
— 아동의 손을 잡고 반복하여 실시하기

◉ 더 어렵게 하려면
— 도움의 양을 줄임
— 빨강과 파랑의 위치를 바꾸어 실시하기
— 파랑 카드 찾기로 응용하기
— 빨강, 파랑 물건으로 응용하기

(2) 같은 색끼리 분류하기

◉ 준비물
— 빨강 카드 3개, 파랑 카드 3개(크기: 10x10cm)
— 빨강 블록 3개, 파랑 블록 3개
— 블록 담을 상자 2개
— 책상
— 의자 2개

◉ 준비 조건
— 주위를 산만하지 않게 정돈하기
— 책상 위에 빨강, 파랑 카드 하나씩 나란히 놓기
— 아동을 의자에 앉히기
— 치료사는 아동과 책상을 두고 마주 앉기
— 치료사의 지시가 있기 전에 아동이 카드를 만지지 못하도록 통제하기

◉ 지도 방법
— 시범 보일 때 색깔 이름 말해주기
— 아래의 단계에 따라 실시한다.

### 단계 1: 빨강 카드끼리 짝짓기

① 시범 보이기
② 아동 손에 빨강 카드 쥐여주기
③ 아동의 팔꿈치를 책상 위의 빨강 카드 쪽으로 밀어주기
④ 아동이 빨강 카드 두 장을 책상 위의 빨강 카드에 놓기
⑤ 보상 주기
⑥ 여러 번 성공하면, 다음 단계로 넘어가기

### 단계 2: 빨강과 파랑 카드끼리 짝짓기

① 책상 위에 빨강, 파랑 카드를 20cm 간격으로 놓기
② 아동에게 빨강과 파랑 카드를 두 장씩을 번갈아 쥐여주기
③ 아동이 스스로 시도하지 않으면, 카드 놓을 위치를 손가락으로 가리켜 주기
④ 아동이 빨강과 파랑끼리 나누어 올려놓기

### 단계 3: 카드 넉 장과 블록 네 개를 같은 색깔끼리 분류하여 상자에 넣기

① 책상 위에 상자 두 개를 20cm 간격으로 나란히 놓기
② 아동에게 카드와 블록을 뒤섞어 하나씩 쥐여주기
③ 아동이 스스로 시도하지 않으면, 카드와 블록을 넣을 상자를 손가락으로 가리켜주기
④ 아동이 빨강과 파랑 카드와 블록을 같은 색끼리 나누어 상자에 넣기

◉ 더 쉽게 하려면
— 아동의 손을 잡고 반복하여 실시하기

◉ 더 어렵게 하려면
— 도움의 양을 줄임
— 빨강과 파랑의 위치를 바꾸어 실시하기
— 파랑 찾기로 응용하기
— 여러 가지 색깔의 블록 중 빨강 찾기

## 2) 노랑

(1) 노랑끼리 짝짓기

◉ 준비물
— 노랑 네모 카드 2장, 초록색 네모 카드 1장

- 노랑 블록 1개
- 책상
- 의자 2개

⦿ 준비 조건
- 주위를 산만하지 않게 정돈하기
- 책상 위에 노랑 카드 한 개 놓기
- 아동을 의자에 앉히기
- 치료사는 아동과 책상을 사이에 두고 마주 앉기
- 치료사의 지시가 있기 전에 아동이 카드를 만지지 못하도록 통제하기

⦿ 지도 방법

### 단계 1: 노랑끼리 짝짓기
① 시범 보이기
② 아동 손에 노랑 카드 쥐여주기
③ 아동 팔꿈치를 노랑 카드 쪽으로 밀어주기
④ 아동이 쥐고 있는 노랑 카드를 책상 위의 노랑 카드에 올려놓기
⑤ 보상 주기
⑥ 여러 번 성공하면 다음 단계로 넘어가기

### 단계 2: 노랑과 초록 카드가 놓인 상태에서 노랑 카드끼리 짝짓기
① 책상 위에 노랑, 초록 카드를 20cm 간격으로 나란히 놓기
② 아동의 손에 노랑 카드 쥐여주기
③ 아동이 팔꿈치를 책상 위의 노랑 카드 쪽으로 밀어주기
④ 아동이 쥐고 있는 노랑 카드를 책상 위의 노랑 카드 위에 올려놓기

단계 3: 노랑 블록과 노랑 카드를 짝짓기
① 책상 위에 노랑과 초록 카드를 20cm 간격으로 나란히 놓기
② 아동에게 노랑 블록 쥐여주기
③ 아동이 팔꿈치를 책상 위의 노랑 카드 쪽으로 밀어주기
④ 아동이 들고 있는 노랑 블록을 책상 위의 노랑 카드 위에 올려놓기

단계 4: 노랑과 초록 카드 중 노랑을 골라 치료사에게 주기
① 책상 위에 노랑과 초록 카드 하나씩 20cm 간격으로 나란히 놓기
② 아동이 노랑 카드를 집어 치료사에게 주기

◉ 더 쉽게 하려면
– 아동의 손을 잡고 반복하여 실시하기

◉ 더 어렵게 하려면
– 도움의 양을 줄임
– 노랑과 초록의 위치를 바꾸어 실시하기
– 초록색 찾기로 응용하기
– 노랑, 초록 색깔 물건으로 응용하기

(2) 같은 색끼리 분류하기
◉ 준비물
– 노랑 카드 3개, 초록 카드 3개(크기: 10x10cm)
– 노랑 블록 3개, 초록 블록 3개
– 블록 담을 상자 2개
– 책상
– 의자 2개

⊙ 준비 조건
— 주위를 산만하지 않게 정돈하기
— 책상 위에 노랑과 초록 카드를 하나씩 나란히 놓기
— 아동을 의자에 앉히기
— 치료사는 아동과 책상을 사이에 두고 마주 앉기
— 치료사의 지시가 있기 전에 아동이 카드를 만지지 못하도록 통제하기

⊙ 지도 방법
— 시범 보일 때 색깔 이름 말해주기
— 아래의 단계에 따라 실시한다.

### 단계 1: 노랑끼리 짝짓기
① 시범 보이기
② 아동 손에 노랑 카드 쥐여주기
③ 아동의 팔꿈치를 책상 위의 노랑 카드 쪽으로 밀어주기
④ 아동이 노랑 카드 두 장을 하나씩 책상 위의 노랑 카드 위에 놓기
⑤ 보상 주기
⑥ 여러 번 성공하면 다음 단계로 넘어가기

### 단계 2: 노랑과 초록 카드끼리 짝짓기
① 책상 위에 노랑, 초록 카드를 20cm 간격으로 놓기
② 아동에게 노랑과 초록 카드 두 장씩을 번갈아 쥐여주기
③ 아동이 스스로 시도하지 못하면, 카드 놓을 위치를 손가락으로 가리켜주기
④ 아동이 노랑과 초록 카드를 같은 색 카드 위에 나누어 올려놓기

### 단계 3: 카드 4장과 블록 4개를 같은 색깔끼리 상자에 담기

① 책상 위에 상자 두 개를 20cm 간격으로 나란히 놓기
② 아동에게 카드와 블록을 하나씩 쥐여주기
③ 아동이 스스로 시도하지 않으면, 블록과 카드 담을 상자의 위치를 손가락으로 가리켜주기
④ 아동이 노랑과 초록 카드와 블록을 같은 색끼리 나누어 상자에 담기

◉ 더 쉽게 하려면
— 도움의 양을 늘림
— 아동의 손을 잡고 반복하여 실시하기

◉ 더 어렵게 하려면
— 초록색 찾기로 응용하기
— 노랑과 초록의 위치를 바꾸어 실시하기
— 여러 가지 색깔의 블록 중에서 노랑 블록 찾기
— 검정, 분홍, 연두 등의 다른 색깔의 블록과 카드를 위와 같은 방법으로 지도하기

> — 파랑
> — 초록
> — 검정
> — 흰색
> — 주황
> — 보라
> — 분홍
> ◉ 지도 방법: '빨강' 개념을 가르칠 때와 같은 방법으로 지도하기

## 3. 숫자 인식

### 숫자 '1' 인식하기
(1) '1' 하나만 있는 숫자 퍼즐 맞추기
⊙ 준비물
— 한 판에 '1'만 있는 숫자 퍼즐
— 앞뒷면의 재질이 달라 앞뒤가 구별되는 퍼즐
— 책상
— 의자 2개

⊙ 준비 조건
— 주위를 산만하지 않게 정돈하기
— 숫자 퍼즐판을 책상 위에 놓기
— 아동을 의자에 앉히기
— 치료사는 아동 앞에 마주 앉기
— 치료사의 지시가 있기 전에 아동이 퍼즐판을 만지지 못하도록 통제하기
— 퍼즐판에서 숫자 '1' 블록을 빼어놓기

⊙ 지도 방법
— 시범 보일 때 숫자 "일"이라고 말해주기
— 아래의 단계에 따라 실시한다.

### 단계 1: 아동의 손을 잡고 맞추기
① 시범 보이기
② 아동 손에 숫자 '1' 블록을 쥐여주기
③ 아동의 손을 잡고 끼우게 하기

④ 보상 주기
⑤ 여러 번 성공하면 다음 단계로 넘어가기

**단계 2: 아동의 팔꿈치를 밀어주어 맞추게 하기**
① 아동의 팔꿈치를 숫자 퍼즐판쪽으로 밀어주기
② 아동이 숫자 '1' 블록 맞추기

**단계 3: 아동 혼자 숫자 퍼즐 맞추기**
① 아동이 스스로 시작하지 못하면, 숫자 블록 넣을 위치를 손가락으로 가리켜 주기
② 아동이 혼자 블록 맞추기

⊙ 더 쉽게 하려면
— 아동의 손을 잡고 반복하여 실시하기
— 블록 넣을 곳을 손가락으로 가리켜 주기

⊙ 더 어렵게 하려면
— 도움의 양을 줄임
— 여러 숫자 중에서 '1' 블록을 찾아 맞추기

(2) 숫자 카드 '1' 끼리 짝짓기
⊙ 준비물
— 숫자 '1' 만 그려진 카드 2개, '2' 가 그려진 숫자 카드 1개, '3' 숫자 카드 1개(크기: 10x10cm)
— 책상
— 의자 2개

⊙ 준비 조건
- 주위를 산만하지 않게 정돈하기
- 아동을 의자에 앉히기
- 책상 위에 '1' 숫자 카드 한 개 올려놓기
- 치료사는 아동과 책상을 사이에 두고 마주 앉기
- 치료사의 지시가 있기 전에 아동이 카드를 만지지 못하도록 통제하기

⊙ 지도 방법
- 시범 보일 때 숫자를 "일" "이" "삼" 이라고 말해주기
- 아래의 단계에 따라 실시한다.

### 단계 1: '1'자 카드 위에 올려놓기
① 시범 보이기
② 아동의 손에 '1' 숫자 카드 쥐여주기
③ 아동이 스스로 시도하지 않으면 팔꿈치를 밀어 손에 '1' 카드를 책상 위의 '1' 자 카드 위에 올려놓기
④ 보상 주기
⑤ 여러 번 성공하면 다음 단계로 넘어가기

### 단계 2: 숫자 카드 '1' '2' '3' 중에 '1'자 끼리 짝짓기
① 책상 위에 '1' '2' '3' 이라고 적힌 숫자 카드 올려놓기
② 아동 손에 숫자 '1' 자 카드 쥐여주기
③ 아동이 스스로 시도하지 않으면 책상 위의 '1' 숫자 카드를 손가락으로 가리켜주기
④ 아동이 손에 쥐고 있는 '1' 자 카드를 책상 위의 '1' 자 카드 위에 올려놓기

### 단계 3: 숫자 카드 '1' '2' '3' 중에 '1'자 집어주기

① 책상 위의 숫자 카드 '1' '2' '3' 을 한 개씩 20cm 간격으로 나란히 놓기
② 아동이 스스로 시도하지 않으면, 책상 위의 숫자 카드 '1' 의 위치를 손가락으로 가리켜주기
③ 아동이 '1' 자 카드를 집어 치료사에게 주기

◉ 더 쉽게 하려면
— 아동의 손을 잡고 반복하여 실시하기
— 숫자 카드 '1' 한 개만 놓고 실시하기

◉ 더 어렵게 하려면
— 도움의 양을 줄임
— 숫자 카드의 위치를 바꾸어 실시하기
— '1~5' 숫자 중에 '1' 자 찾기
— '2' '3' 숫자 찾기로 응용하기

> — 2
> — 3
> — 4
> — 5
> — 6
> — 7
> — 8
> — 9
> — 10
> ◉ 지도 방법: 숫자 '1' 의 모양을 인식 시키는 과정과 같은 방법으로 지도하기

## 4. 수 개념

### '하나' 개념 학습하기
(1) 사탕 한 개 가져다 놓기('하나' 개념 익히기)

◉ 준비물
— 사탕 10개(아동이 좋아하는 포장된 사탕)
— 접시 1개
— 책상
— 의자 2개

◉ 준비 조건
— 주위를 산만하지 않게 정돈하기
— 아동을 의자에 앉히기
— 치료사는 아동과 책상을 사이에 두고 마주 앉기
— 치료사의 지시가 있기 전에 아동이 사탕을 만지지 못하도록 통제하기

◉ 지도 방법
— 시범 보일 때 치료사가 하듯이 사탕 한 개만 꺼내어 놓으라고 아동에게 지시하기

### 단계 1: 아동의 팔꿈치를 사탕 쪽으로 밀어주기
① 시범 보이기
② 치료사가 접시에 사탕 열 개 담아두기
③ 치료사가 사탕 한 개를 집어 자기 앞에 놓는 것을 아동에게 보여주기
④ 아동의 팔꿈치를 접시의 사탕 쪽으로 밀어주기

⑤ 아동이 사탕 한 개를 집어 들면 아동 앞에 놓을 곳을 손가락으로 가리켜 주기
⑥ 아동이 자기 앞에 사탕 놓기
⑦ 보상 주기
⑧ 여러 번 성공하면 다음 단계로 넘어가기

### 단계 2: 아동 혼자 사탕 한 개를 집어 자기 앞에 놓기
① 치료사가 접시에 사탕 열 개 담아두기
② 치료사는 사탕 한 개를 집어 치료사 앞에 놓는 것을 보여주기
③ 아동이 스스로 시도하지 않으면, 접시의 사탕을 손가락으로 가리켜주기
④ 아동이 사탕 한 개를 집어 자기 앞에 놓기

### 단계 3: 아동 혼자 사탕 한 개를 집어 자기 앞에 놓기
① 치료사가 접시에 사탕 열 개 담아두기
② 치료사가 아동이 보지 못하도록 가리고, 사탕 한 개를 집어 자기 앞에 놓기
③ 아동이 스스로 시도하지 않으면, 접시의 사탕을 손가락으로 가리켜주기
④ 아동이 사탕 한 개를 집어 자신의 앞에 놓기

◉ 더 쉽게 하려면
― 아동의 손을 잡고 반복하여 실시하기

◉ 더 어렵게 하려면
― 도움의 양을 줄임
― 사탕 두 개로 응용하기

(2) 사탕 한 개와 숫자 카드 '1' 짝짓기
◉ 준비물

— 사탕 3개(아동이 좋아하는 포장된 사탕)
— 접시
— 숫자 카드 '1' 과 숫자 카드 '2' 각 한 개(크기: 10x10cm)
— 책상
— 의자 2개

◉ 준비 조건
— 주위를 산만하지 않게 정돈하기
— 아동을 의자에 앉히기
— 치료사는 아동과 책상을 사이에 두고 마주 앉기
— 치료사의 지시가 있기 전에 아동이 카드를 만지지 못하게 통제하기
— 책상 위에 숫자 카드 '1' 올려놓기
— 아동 손에 사탕 한 개 쥐여주기

◉ 지도 방법
— 시범 보일 때 숫자 "일" 이라고 말해주기

## 단계 1: 숫자 카드 '1' 위에 사탕 한 개 올려놓기
① 시범 보이기
② 아동 손에 사탕 한 개 쥐여주기
③ 아동의 팔꿈치를 책상 위의 숫자 카드쪽으로 밀어주기
④ 아동이 사탕 한 개를 숫자 카드 '1' 위에 내려놓기
⑤ 보상 주기
⑥ 여러 번 성공하면 다음 단계로 넘어가기

### 단계 2: 사탕 한 개를 숫자 카드 '1' 위에 올려놓기

① 책상 위의 숫자 카드 '1' 과 숫자 카드 '2' 를 20cm 간격으로 놓기
② 아동에게 사탕 한 개 쥐여주기
③ 아동이 스스로 시도하지 않으면, 사탕 놓을 위치를 손가락으로 가리켜주기
④ 아동이 사탕을 숫자 '1' 위에 올려놓기

### 단계 3: 숫자 카드 '1'에 맞는 사탕 한 개 집어오기

① 책상 위에 숫자 카드 '1' 과 숫자 카드 '2' 를 20cm 간격으로 나란히 놓기
② 아동 오른쪽 접시에 사탕 세 개를 담아놓기
③ 아동이 스스로 시도하지 않으면, 사탕 한 개만 집으라고 손가락으로 가리켜 주기
④ 아동이 사탕 한 개를 집어 숫자 '1' 위에 올려놓기

⊙ 더 쉽게 하려면
 - 아동의 손을 잡고 반복하여 실시하기

⊙ 더 어렵게 하려면
 - 도움의 양을 줄임
 - 숫자 '1' 과 '2' 의 위치를 바꾸어 실시하기
 - 다른 숫자와 사탕 개수로 응용하기
 - 숫자 카드 '1~5' 중에서 '1' 자 고르기
 - 여러 개 사탕 가운데 한 개 집기
 - 사탕 2~5개 집기로 응용하기

(3) 사과 한 개 그려진 그림카드와 숫자 카드 '1' 짝짓기
⊙ 준비물

― 사과 한 개 그려진 그림카드와 두 개 그려진 그림카드 각 한 개(크기: 10x10cm)
― 숫자 카드 '1'과 숫자 카드 '2' 각 한 개(크기: 10x10cm)
― 책상
― 의자 2개

◉ 준비 조건
― 주위를 산만하지 않게 정돈하기
― 아동을 의자에 앉히기
― 책상 위에 사과 한 개 그려진 그림카드 놓기
― 치료사는 아동과 책상을 사이에 두고 마주 앉기
― 치료사의 지시가 있기 전에 아동이 카드를 만지지 못하도록 통제하기

◉ 지도 방법
― 시범 보일 때 숫자를 "일" "이"라고 말해주기

### 단계 1: 사과 한 개 그려진 그림 위에 숫자 카드 '1' 올려놓기
① 시범 보이기
② 아동의 손에 숫자 카드 '1' 쥐여주기
③ 아동의 팔꿈치를 책상 위의 사과 한 개 그려진 그림카드 쪽으로 밀어주기
④ 아동이 숫자 카드 '1'을 책상 위의 사과 그림카드 위에 놓기
⑤ 보상 주기
⑥ 여러 번 성공하면 다음 단계로 넘어가기

### 단계 2: 사과 한 개 그려진 그림카드를 숫자 카드 '1' 위에 올려놓기
① 책상 위의 숫자 카드 '1'과 숫자 카드 '2'를 20cm 간격으로 놓기
② 아동에게 사과 한 개 그려진 그림카드를 쥐여주기
③ 아동이 스스로 시도하지 않으면, 사과 그림카드를 놓을 위치를 손가락으로 가리켜주기
④ 아동이 사과 한 개 그려진 그림카드를 숫자 '1' 위에 올려놓기

### 단계 3: 숫자 카드 '1'을 사과 한 개의 그림카드 위에 올려놓기
① 책상 위에 사과 한 개 그려진 그림카드와 두 개 그려진 그림카드를 20cm 간격으로 나란히 놓기
② 아동에게 숫자 카드 '1'을 쥐여주기
③ 아동이 스스로 시도하지 않으면, 카드 놓을 위치를 손가락으로 가리켜주기
④ 아동이 숫자 카드 '1'을 사과 한 개 그려진 그림카드 위에 올려놓기

◉ 더 쉽게 하려면
— 아동의 손을 잡고 반복하여 실시하기

◉ 더 어렵게 하려면
— 도움의 양을 줄임
— 숫자 '1'과 '2'의 위치를 바꾸어 실시하기
— 여러 가지 숫자 중에 '1'자 찾기
— 여러 가지 그림 가운데 사과 한 개 그려진 그림 찾기
— 숫자 카드 '2~5'를 가지고 응용하기
— 사과 2~5개가 그려진 그림카드를 응용하기

- 둘
- 셋
- 넷
- 다섯
- 여섯
- 일곱
- 여덟
- 아홉
- 열

⊙ 지도 방법: '하나' 개념 학습과 같은 방법으로 지도하기

# 부록 II
# 발달 이정표

출처: 조복희 저, 《아동발달》(부록 : 발달 이정표), 교육과학사, 2008
'발달 이정표'의 게재를 허락해 주신 경희대학교 아동학과 조복희 교수님께 감사드립니다.

| 영아기와 걸음마기의 발달 ||||| 
|---|---|---|---|---|
| 연령 | 신체/지각 | 인지 | 언어 | 정서/사회 |
| 출생~6개월 | – 신장과 체중이 급격하게 증가한다.<br>– 반사가 줄어든다.<br>– 수면이 밤낮 스케줄로 조직화된다.<br>– 고개를 들 수 있으며, 구르고, 사물을 향해 손을 뻗는다.<br>– 반응이 고전적, 조작적으로 조건화될 수 있다.<br>– 변하지 않는 자극에 습관화된다.<br>– 새로운 자극을 찾아내고(새로움 선호) 시간이 흐르면 친숙한 자극을 선호한다(친숙함선호).<br>– 감촉과 통증에 반응한다.<br>– 입으로 대상을 탐색한다.<br>– 기본적인 냄새와 맛을 구별하고 단맛이 나는 음식물을 좋아한다.<br>– 시각 흐름에 대한 자세 적응이 향상된다.<br>– 움직임과 양안 깊이 신호에 시각적으로 민감하다.<br>– 시각적 자극을 조직화된 형태로 지각한다. 사람의 얼굴 형태를 인식하고 선호한다. 엄마의 얼굴을 인식한다.<br>– 크기와 형태 항등성이 나타난다.<br>– 이 시기 말에, 사물을 시각적으로 인지하기 위해 동작과 공간배치에 의존하다가 형태, 색깔, 질감을 사용하게 된다. | – 성인의 표정에 대한 즉각적 모방과 지연모방에 참여한다.<br>– 즐겁고 흥미있는 결과를 유도하는 상황을 반복한다.<br>– 기대 과제의 위반은 많은 물리적 속성[대상영속성, 대상 고형성(solidity) 중력]과 기초적 수 지식에 관한 인식이 있음을 나타낸다.<br>– 주의력이 좀 더 효율성과 융통성을 갖게 된다.<br>– 사람, 장소, 사물에 대한 재인 기억이 증가한다.<br>– 지각적으로 유사한 자극을 범주화한다. | – 소리의 양식을 조직하고, 거의 모든 말소리의 차이를 안다.<br>– 쿠잉을 하고 옹알이를 한다.<br>– 엄마의 목소리와 모국어를 듣는 것을 좋아한다.<br>– 양육자와 공동주의력을 형성하기 시작한다.<br>– 양육자와의 말소리 교환에 관심을 보인다. | – 사회적 미소와 웃음이 나타난다.<br>– 면대면 상호작용에서 양육자의 감정 상태와 조화를 이룬다.<br>– 정서 표현이 환경적 사건과 의미 있게 연관된 패턴으로 조직화된다.<br>– 주관적 자기가 나타난다. 신체적 구분과 사람이나 사물들로 하여금 예측 가능한 방식으로 반응하도록 하는 자기인식이 증가한다. |

| 연령 | 신체/지각 | 인지 | 언어 | 정서/사회 |
|---|---|---|---|---|
| 7~12개월 | - 혼자서 앉고 기고, 걷는다.<br>- 손을 뻗고 잡는 데 있어서 유연성과 정확성이 증가한다.<br>- 균형을 잃지 않기 위하여 예상하는 자세 적응을 한다.<br>- 많은 청각과 시각자극이 점점 복잡하고 의미있는 형태로 조직된다.<br>- 다양한 감각 간(시각, 청각, 촉각) 관계를 숙달한다. | - 의도적 혹은 목표 지향적 행동에 참여한다.<br>- 사물을 헝겊으로 덮은 후에도, 숨겨진 사물을 찾아낸다.<br>- 기대 과제의 위반은 물리적 속성의 인식이 확대되었음을 나타낸다.<br>- 사물에 행하는 성인의 행동에 대한 지연 모방에 참여한다.<br>- 사람, 장소, 사물에 대한 회상 기억이 증가한다.<br>- 개념적으로 유사한 기능과 행동에 의하여 사물을 범주화한다.<br>- 이전에 해결한 문제와 유사한 간단한 문제를 해결한다. | - 자신의 언어에서 사용되지 않는 소리를 구분하고 단어, 구, 절의 경계에 민감하다.<br>- 언어의 흐름 속에서 친숙한 단어를 인지하고, 단어의 의미를 이해하기 시작한다.<br>- 모국어의 소리와 운율이 반영된 옹알이를 한다.<br>- 양육자와 함께 손바닥치기와 까꿍놀이 같은 주고받는 게임에 적극적으로 참여한다.<br>- 비언어적 몸짓(보여주기, 가리키기)으로 의사 소통한다. | - 낯선 사람에 대한 불안이나 분리불안을 포함한 분노나 공포의 빈도 및 강도가 증가한다.<br>- 양육자를 탐색을 위한 안전기지로 여긴다.<br>- 자극에 접근하거나 물러섬으로써 정서를 조절한다.<br>- 타인의 정서적 신호의 의미를 파악하고 사회적 참조를 활용한다.<br>- 친숙한 양육자에 대한 명확한 애착을 나타낸다. |
| 13~18개월 | - 신장과 체중이 급격히 증가하나 생후 첫해만큼은 크지 않는다.<br>- 걸음걸이의 균형이 잡힌다.<br>- 협응 능력이 향상되어 작은 사물도 능숙하게 다룬다. | - 새로운 방법으로 사물에 행위를 가하여 사물의 속성을 탐색한다.<br>- 다양한 장소에서 숨겨진 사물(정확한 A-B 찾기)을 찾는다.<br>- 장시간의 지연, 맥락의 변화에 걸쳐 사물에 행하는 성인의 행동(예: 가정에서 아기 돌보기)에 대한 지연 모방에 참여한다. | - 양육자와 함께하는 공동주의의 정확성이 증가한다.<br>- 첫 단어를 말한다.<br>- 어휘력이 수백 개의 어휘로 증가한다. | - 객관적 자기가 나타난다. 거울, 사진, 비디오테이프 속의 자기상을 인지한다.<br>- 타인의 정서적 반응이 자기 자신과 다름을 인정하기 시작한다.<br>- 감정이입의 신호가 나타난다.<br>- 간단한 지시에 따른다.<br>- 대체로 상호 모방의 형식으로 또래와 대응놀이(coordinated play)를 한다. |

| 연령 | 신체/지각 | 인지 | 언어 | 정서/사회 |
|---|---|---|---|---|
| 19~24개월 | - 점프하고, 달리고, 기어오른다. | - 표상을 통하여 간단한 문제를 해결한다.<br>- 시야를 벗어나 이동시킨 숨겨진 사물을 발견한다.<br>- 완전히 인식하지는 못해도, 성인이 행하려고 시도한 행동의 지연 모방에 참여한다.<br>- 일상생활에서 경험하는 간단한 행동을 사용하여 가장 놀이에 참여한다.<br>- 능동적으로 사물을 범주화하여 효율적으로 분류한다.<br>- 사물, 장소, 사물에 대한 회상 기억이 좀 더 증진된다.<br>- 지속적인 주의력이 증진된다. | - 친숙한 단어의 정확한 발음을 인지한다.<br>- 단어 발음을 단순화하는 체계적 전략을 사용한다.<br>- 두 단어를 조합한다.<br>- 어휘력의 성장률이 지속적으로 증가한다. | - 정서적 어휘를 획득한다.<br>- 정서적 자기조절을 돕기 위해 언어를 사용하기 시작한다.<br>- 자기의식적 정서가 명확하며, 이는 성인의 관리 및 격려에 의해 좌우된다.<br>- 양육자의 부재를 더 잘 참는다.<br>- 자기상을 분류하기 위해 자신의 이름이나 인칭대명사를 사용한다.<br>- 자기 통제 또는 만족 지연이 나타난다.<br>- 성 정형화된 장난감을 선택하기 시작한다.<br>- 놀이친구의 행동에 영향을 미치는 말을 사용하게 된다. |

### 유아기의 발달

| 연령 | 신체/지각 | 인지 | 언어 | 정서/사회 |
|---|---|---|---|---|
| 2세 | - 신장과 체중의 증가가 걸음마기 때보다 느리다.<br>- 균형감이 향상된다. 더 균형있게 걷는다.<br>- 달리고, 점프하고, 깡충 뛰고, 던지고, 잡는다.<br>- 옷 몇 가지는 입고 벗는다.<br>- 숟가락을 효율적으로 사용한다. | - 사실적 소품에 덜 의존하며, 덜 자기중심적이며, 좀 더 복잡한 가장 놀이를 한다.<br>- 사진과 그림의 상징 기능을 이해한다.<br>- 단순화되고 친숙한 상황에서 타인에 대한 조망 능력을 갖게 된다.<br>- 주의력이 좀 더 초점을 갖게 되고 지속이 된다.<br>- 재인 기억이 잘 발달한다.<br>- 내재적인 정신과 외재적인 물리적 사건 간의 차이를 인식한다. | - 어휘력이 급속히 증가한다.<br>- 동시에 한 단어 또는 몇 개 단어를 사용하는 데 있어 문법적 규칙을 적용한다.<br>- 세 문장 단어를 만들고, 점차적으로 문법적 형태소를 추가한다.<br>- 대화 주고받기와 대화 유지하기에 참여한다. | - 정서를 조절하기 위하여 언어를 사용하기 시작한다.<br>- 감정이입이 증가한다.<br>- 기본 정서에 대한 원인, 결과 및 행동적 신호를 이해한다.<br>- 연령, 성, 신체적 특징, 선과 악, 능력에 기초하여 자신과 타인을 분류하기 시작한다.<br>- 게임이나 문제 해결을 위하여 타인과 협조한다.<br>- 도구적 공격성을 보인다.<br>- 성 정형화된 신념과 행동이 증가한다. |

| 연령 | 신체/지각 | 인지 | 언어 | 정서/사회 |
|---|---|---|---|---|
| 3~4세 | - 더 균형 있게 달리고, 점프하고, 깡충 뛰고, 던지고, 잡는다.<br>- 한 발로 달리고 깡충깡충 뛴다.<br>- 세발자전거의 페달을 밟아서 나아가고 방향을 돌린다.<br>- 가위를 사용한다.<br>- 처음으로 사람 그림을 그린다. | - 모형의 상징 기능을 이해한다.<br>- 친숙한 맥락 내의 보존 개념의 획득, 변형에 대한 추론, 사고의 전환, 인과 관계에 대한 이해를 하게 된다.<br>- 보편적 자연 상태, 기능, 행동에 기초하여 사물을 범주화한다.<br>- 위계적으로 친숙한 사물을 분류한다.<br>- 외형과 실제를 구별할 수 있다.<br>- 사고와 행동을 억제하기 위한 지속적인 주의력과 역량이 증진된다.<br>- 친숙한 경험을 회상하기 위하여 스크립트를 사용한다.<br>- 문자 언어의 의미 있는 약간의 특징을 인식한다.<br>- 적은 수의 사물에 대한 수 세기를 하고 기수를 이해한다. | - 발음이 크게 향상된다.<br>- 완전히 숙달하지 못한 단어를 대신하는 신조어를 만든다.<br>- 문법적 형식을 광범위한 단어에 일반화시킨다.<br>- 복잡한 문법 구조를 점차적으로 알게 된다.<br>- 문법적 형태소를 규칙 순서에 따라 지속적으로 추가한다.<br>- 방향 전환과 같은 추가적인 대화 전략을 숙달한다.<br>- 반어법적 의도를 이해하기 시작한다.<br>- 듣는 사람의 관점과 사회적 기대에 맞게 이야기를 조정한다.<br>- 불분명한 메시지를 명확히 하기 위해 다른 사람에게 질문한다.<br>- 연대기적 서술을 한다. | - 자기의식적 정서가 자기평가에 명확하게 연결된다.<br>- 언어가 향상됨에 따라 정서 조절을 위한 적극적 전략을 사용한다.<br>- 정서적 표출 양식을 따르기 시작한다.<br>- 틀린 믿음의 숙달에 따른 믿음-욕구 마음 이론을 형성한다.<br>- 관찰 가능한 특성과 전형적인 정서 및 태도를 구성하는 자아 개념을 형성한다.<br>- 몇 가지 자아 존중감이 형성된다.<br>- 사회적 관습과 개인적 문제로부터 도덕적 규칙을 구별한다.<br>- 도덕적 공격성이 감소하고 적대적 공격성이 증가한다.<br>- 신체적 공격성이 감소하고 언어적 공격성이 증가한다.<br>- 관계적 공격성이 나타난다.<br>- 협동 놀이가 증가하고 특히 사회적 놀이가 증가한다.<br>- 처음으로 교우관계를 형성한다. |

| 연령 | 신체/지각 | 인지 | 언어 | 정서/사회 |
|---|---|---|---|---|
| 5~6세 | - 신체가 날씬해지고 다리는 길어져 성인의 신체와 유사한 비율이 된다.<br>- 정확히 깡총 뛰기와 걸음걸이를 한다.<br>- 던지고 잡는 방식이 능숙해진다.<br>- 달리기 속도가 빨라진다.<br>- 신발 끈을 묶을 줄 안다.<br>- 더 복잡한 그림을 그리고 이름과 단어를 쓴다. | - 가장과 표상적 행동의 사고 과정에 대한 인식이 증가하게 된다.<br>- 마술적 신념이 설명 가능한 이유로 바뀐다.<br>- 좀 더 안정된 이해력을 의미하는 언어적 외양 실제 문제를 해결한다.<br>- 재인, 회상, 스크립트 기억, 자서전적 기억이 증가한다.<br>- 지식이 확장되고 좀 더 조직화된다.<br>- 글자와 소리가 체계적인 방식으로 연결됨을 이해한다.<br>- 간단한 더하기와 빼기에 참여하여 올림수 세기와 내림수 세기를 한다. | - 어휘수가 10,000 단어까지 증가한다.<br>- 복잡한 문법적 구조의 습득이 지속적으로 이루어진다. | - 감정 이입을 나타내기 위해 언어에 더욱 의존한다.<br>- 타인의 정서적 반응을 해석하고, 예측하고, 이에 영향을 미치는 능력이 향상된다.<br>- 틀린 믿음에 대한 이해가 강화된다.<br>- 사회적 문제 해결을 더 잘하게 된다.<br>- 도덕적으로 적절한 여러 가지 규칙과 행동을 획득해 간다.<br>- 분배의 공평성이 평등에 기반한다.<br>- 동성의 놀이친구에 대한 선호성이 강화된다.<br>- 성 정형화된 신념과 행동이 지속적으로 증가한다.<br>- 성 항상성을 이해한다. |

| 아동중기의 발달 |||||
|---|---|---|---|---|
| 연령 | 신체/지각 | 인지 | 언어 | 정서/사회 |
| 6~8세 | - 청소년의 성장 급등까지 신장과 체중이 계속 증가한다.<br>- 점점 복잡한 그림을 그리게 되며, 그림에는 깊이에 대한 정보가 있다.<br>- 달리고, 점프하고, 던지고, 치고, 차는 속도, 거리 및 정확도가 향상된다. | - 피아제식 보존 개념, 분류 포함, 서열화 문제를 해결하는 능력을 보이며 좀 더 조직적인 논리적 형태로 사고한다.<br>- 명확하고 잘 조직화된 방향을 제시하고, 잘 조직화된 인지지도를 구성하는 능력을 나타내는 좀 더 효율적인 공간 추론력을 보인다.<br>- 연습과 분류학적 조직에 대한 기억전략을 자발적으로 사용한다. | - 어휘 수가 10,000단어에 이른다.<br>- 음운론적 인식이 향상되고 한 단어의 모든 음소를 구분할 수 있다.<br>- 기능과 현상을 언급하는 구체적인 기술을 사용하여 단어를 정의한다.<br>- 용암법과 같은 진보적인 의사소통 전략을 숙달한다.<br>- 반어법적 의도의 이해를 정교화시킨다. | - 자부심, 죄책감과 같은 자기의식적 정서가 우월성과 올바른 행동에 대한 내적 기준과 통합되어 간다.<br>- 점차 정서 표출 양식에 따르게 되고, 그러한 양식을 의식적으로 자각하게 된다.<br>- 타인의 정서를 설명할 때 대립되는 단어 (표정과 상황)을 고려할 수 있다. |

| 연령 | 신체/지각 | 인지 | 언어 | 정서/사회 |
|---|---|---|---|---|
| 6~8세 | | - 추론을 위하여 요점 기억에 의존하는 능력이 증가한다.<br>- 지식이 계속적으로 증가하고 좀 더 잘 조직화된다.<br>- 주의 집중과 전략 사용에 관한 인지 과정과 그 수행력의 효과에 대한 인식이 좀 더 증가한다.<br>- 정보의 변형이 가능한 능동적 구성 대행체로서 정신에 대한 견해를 갖는다.<br>- 아동 중기 말에 "읽기를 위한 학습"에서 "학습을 위한 읽기"로 전이하게 된다.<br>- 좀 더 복잡한 수학적 기술을 숙달하기 위해 수 개념과 수 세기의 비형식적 지식을 사용한다. | - 전화 받기와 같은 요구적 상항에서 의사소통 할 수 있다.<br>- 정보와 평가의 지향에 고전적 서술형을 풍부하게 생성한다. | - 사람들이 혼합 정서를 가질 수 있으며, 그들의 표정이 실제 감정을 반영하지 않을 수 있음을 인식한다.<br>- 정서적 이해가 향상됨에 따라 감정이입이 지속적으로 증가한다.<br>- 자아개념에 있어서 개인적 특성과 긍정적, 부정적 귀인이 강조된다.<br>- 다수의 개인에 대한 사회적 비교를 한다.<br>- 자아존중감이 변별되고 위계적으로 조직화되나 자아존중감의 수준은 보다 실제적인 수준으로 감소된다.<br>- 다른 정보에 대한 접근성이 사람들로 하여금 다른 시각을 갖게 한다는 것을 이해한다.<br>- 친사회적 기준을 포함한 올바른 행동에 대한 많은 규준을 내면화한다.<br>- 도덕적 판단에 있어 물리적 결과, 자기 흥미를 포함한 피상적인 요인이 강조되는 경향이 있다.<br>- 분배 정의는 미덕에 기초하여 궁극적으로 공평과 박애에 기초한다.<br>- 점차 또래와 친사회적으로 상호작용한다.<br>- 거친 신체놀이가 증가한다.<br>- 규칙 지향적인 게임을 한다.<br>- 친구 간의 우정이 상호신뢰와 지원에 기초한다. |
| 9~11세 | - 여자 청소년의 경우, 신장 급증이 시작되고 가슴이 발육되기 시작하고 체모가 나타난다.<br>- 대근육 기술이 더 유연해지고 속도 및 거리와 정확성이 더 증가한다. | - 아동중기 말까지 논리적 사고는 구체적 상황과 연결된 상태로 유지된다.<br>- 피아제식 과제의 숙달이 단계적 유형으로 지속된다.<br>- 좀 더 효율적인 연습과 분류학적으로 조직화된 기억 전략을 사용한다.<br>- 다양한 기억 전략을 한번에 적용한다. | - 어휘 수가 40,000단어에 이르러 급속히 증가한다.<br>- 미묘한 의미의 차이를 나타내는 음절 강세 형태를 숙달한다. (예: green-house와 green house)<br>- 동의어와 범주적 관계를 사용하여 단어를 정의한다. | - 정서조절에 있어서 문제 중심과 정서 중심의 대처 전력 간의 이동이 적응적으로 이루어진다.<br>- 자아 존중감이 향상되는 경향을 보인다.<br>- 성공과 실패에 대한 귀인이 능력, 노력 및 외적 요인등으로 구분된다. |

| 연령 | 신체/지각 | 인지 | 언어 | 정서/사회 |
|---|---|---|---|---|
| 9~11세 | | - 아동 중기 말에, 정교화를 위한 기억 전략을 사용하기 시작한다.<br>- 지식은 좀 더 확장되고 좀 더 복잡하게 조직화된다.<br>- 재구성적 과정으로 추론을 유도하는 능력이 증가한다. (예: 이야기 회상 시)<br>- "기억하기", "알기", "추측하기", "비교하기"와 같은 인지 과정 간의 차이를 구별하는 능력이 증가한다.<br>- 수행력에 영향을 주는 요인들 간에 상호작용을 이해한다. (예, 동기유발, 전략사용, 과제 유형)<br>- 인지적 자기 규제력이 점진적으로 증진된다. | - 은유와 유머의 이해를 반영하는 단어의 이중적 의미를 이해한다.<br>- 수동태와 부정사 구문 같은 복잡한 문법적 구조를 정교화한다. | - 타인의 관점에서 이해할 수 있게 되고 타인의 관점으로 자신을 바라본다.<br>- 제 3자의 공평한 입장에서 자신과 타인과의 관계를 바라볼 수 있다.<br>- 점차 이상적인 상호 관계를 이해하게 되고 도덕적 판단에 있어서 사람들의 의도와 기대를 강조한다. (Kohlberg의 "관습적" 단계3의 도덕성).<br>- 도덕적 의무, 사회적 관습, 개인적 선택의 문제 간 연관성을 인식한다.<br>- 개인적 특성과 성취 영역을 포함한 성 정형화를 더욱 인식하게 되며, 남성과 여성이 무엇을 할 수 있는지에 대해 유연한 인식을 갖는다.<br>- 남성적 성 정체성이 남아들 사이에 강조되며 여아의 정체성은 보다 양성적으로 된다. |

## 청소년기의 발달

| 연령 | 신체/지각 | 인지 | 언어 | 정서/사회 |
|---|---|---|---|---|
| 11~14세 | - 여자인 경우, 성장의 절정기에 달한 다음 성장 급등이 완성된다.<br>- 여자인 경우, 근육보다는 체지방이 더 많이 증가한다.<br>- 여자인 경우, 초경이 시작된다.<br>- 남자인 경우, 발기와 사정을 시작한다.<br>- 성적 지향을 의식하는 경향이 있다.<br>- 여자인 경우, 대근육 운동 수행에서 강도 및 속도와 지구력은 증가한 후 유지된다. | - 형식적 조작의 추론력이 가능하게 된다.<br>- 좀 더 자기의식적, 자기 초점적이 된다.<br>- 지식이 좀 더 확장되고, 좀 더 복잡하게 조직화된다.<br>- 상위인지적 지식과 인지적 자기 규제가 지속적으로 증진된다.<br>- 문제 해결을 위하여 증거와 이론을 좀 더 잘 협응하게 된다. | - 여러 가지 추상적 용어를 포함하는 단어가 최소한 40,000개 이상이다.<br>- 풍자, 해학, 속담과 같은 미묘하고 비문해적 단어의 의미를 이해한다.<br>- 복잡한 문법적 구조의 정교화를 지속한다. | - 우울감과 부모-청소년 간의 갈등이 증가한다.<br>- 자아존중감이 지속적으로 향상된다.<br>- 성취 관련 귀인이 능력과 노력으로 완전히 분화된다.<br>- 성 역할에 대한 순응이 증가하다가 감소한다.<br>- 또래와 더 많은 시간을 보낸다.<br>- 또래와 협동적 상호작용이 증가하게 된다.<br>- 친구 간 우정이 친밀성, 상호이해, 충성심 등에 기초한다.<br>- 또래집단은 파벌적으로 조직화된다.<br>- 또래 압력에 대한 복종이 증가한다. |

| 연령 | 신체/지각 | 인지 | 언어 | 정서/사회 |
|---|---|---|---|---|
| 14~18세 | - 남자인 경우, 성장의 절정기에 달한 다음 성장 급등이 완성된다.<br>- 남자인 경우, 목소리가 굵어진다.<br>- 남자인 경우, 체지방이 감소하며 근육이 증가한다.<br>- 성교를 할 수 있다.<br>- 남아인 경우, 대근육 운동 수행에서 강도 및 속도와 지구력이 크게 증가한다.<br>- 남자인 경우, 대근육 운동 수행이 계속 증가한다. | - 명확하고 다양한 상황에서 사회적 기대와 일치하는 의사소통을 할 수 있는 능력이 향상된다.<br>- 성인 문학을 읽고 해석할 수 있다. | - 명확하고 다양한 상황에서 사회적 기대와 일치하는 의사소통을 할 수 있는 능력이 향상된다.<br>- 성인 문학을 읽고 해석할 수 있다. | - 조직화된 자아개념 속에 특성을 결합해 간다.<br>- 자아존중감의 새로운 차원(친밀한 우정, 이성적 매력, 직업 능력)이 추가된다.<br>- 정체성을 형성하기 시작한다.<br>- 사회적 조망 수용이 형성된다.<br>- 대인 간 관계와 사회적 법규(Kohlberg의 "관습적" 단계 3과 4의 도덕성)의 기초로서 이상적인 상호관계를 점차 강조한다.<br>- 도덕적 사고와 행동 간의 관계가 강화된다.<br>- 부모-청소년 간의 갈등이 점차 줄어든다.<br>- 또래 압력에 대한 복종이 감소한다.<br>- 파벌과 무리가 덜 중요해진다.<br>- 이성적 관계가 시작되고 점차적으로 오랫동안 지속된다. |

중증 장애아동 치료 사례집
**동영상으로 보는 응용행동분석 치료**

**펴낸날** 2019년 2월 25일 초판 1쇄 발행
**지은이** 정보인 **일러스트** 이윤정 **편집** 김인섭, 김연수 **디자인** 디자인아프리카
**펴낸이** 우현옥 **펴낸곳** 도서출판 함께 등록 번호 제2014-000183호
**주소** 서울특별시 서초구 강남대로12길 23-4, 301호(양재동, 동방빌딩)
**대표전화** 02-6083-9232(관리부) 02-6083-9234(편집부)
**전자우편** dk@dreamingkite.com
**ISBN** 979-11-966003-0-3 03370

ⓒ 정보인, 이윤정 2019년

이 도서의 국립중앙도서관 출판예정도서목록(CIP)은
서지정보유통지원시스템 홈페이지(http://seoji.nl.go.kr)와
국가자료공동목록시스템(http://www.nl.go.kr/kolisnet)에서
이용하실 수 있습니다.(CIP제어번호: CIP2019002354)

* 이 책의 출판권은 도서출판 함께에 있습니다.
* 책값은 뒤표지에 있습니다.

**동영상 인증코드:  B001ZW35APHS**